UNIVERSITÉ DE FRANCE

ACADÉMIE DE DOUAI

EXPOSITION SCOLAIRE

DU

PAS-DE-CALAIS

SAINT-OMER

JUIN 1884

SAINT-OMER

IMPRIMERIE FLEURY-LEMAIRE, RUE DE WISSOCQ

1885

UNIVERSITÉ DE FRANCE

—

ACADÉMIE DE DOUAI

—

EXPOSITION SCOLAIRE

DU

PAS-DE-CALAIS

SAINT-OMER

JUIN 1884

—

SAINT-OMER

IMPRIMERIE FLEURY-LEMAIRE, RUE DE WISSOCQ

—

1885

TABLE DES MATIÈRES

Arrêté de M. le Préfet nommant la Commission chargée d'organiser l'Exposition scolaire (16 janvier 1884).

Le Préfet du Pas-de-Calais, chevalier de la Légion d'honneur,

Vu la délibération du Conseil municipal de la ville de Saint-Omer en date du 28 décembre 1883,

Vu le rapport et les propositions de M. l'Inspecteur d'Académie,

ARRÊTE :

ARTICLE 1er. — Une Exposition scolaire de l'Enseignement primaire public et libre aura lieu à Saint-Omer, du 7 au 16 juin prochain, pendant la durée du Concours régional.

ART. 2. — Cette Exposition comprendra deux sections :

1re section : Partie pédagogique et technique ; travaux des maîtres et des élèves.

Pourront prendre part à l'Exposition toutes les Écoles primaires, primaires supérieures, primaires professionnelles, ainsi que les Écoles maternelles, publiques ou libres, du département du Pas-de-Calais.

2e section : Matériel scolaire.

Tous les fabricants de France seront admis à exposer.

ART. 3. — Une Commission est instituée à l'effet de préparer l'organisation de l'Exposition et d'en diriger l'installation. Elle élaborera un projet de programme qui sera soumis à l'approbation de l'autorité préfectorale.

ART. 4. — Cette Commission sera composée de :

MM. RIDOUX, inspecteur d'Académie, président.

BRESSON, sous-préfet de Saint-Omer.

RINGOT, adjoint au maire de Saint-Omer.

BOUBET, conseiller général.

BRÉMART, conseiller général.

DUHAMEL, conseiller général.

JONNART, conseiller général.

LABITTE, conseiller général.

LEFEBVRE DU PREY, conseiller général.

QUENSON DE LA HENNERIE, conseiller général.

DE BEAUMONT, président du Tribunal civil de Saint-Omer.

SAINT-AUBIN, procureur de la République, à Saint-Omer.

DAMBRICOURT, président du Tribunal de commerce, à Saint-Omer.

PONION, président de la Chambre de commerce, à Saint-Omer.

HERMANT-BOCQUILLION, président du Conseil d'arrondissement, à Saint-Omer.

FAUCQUETTE, conseiller d'arrondissement, à Aire.

LEFOUL, ingénieur ordinaire des Ponts et Chaussées, à Saint-Omer.

STREIFF, proviseur du Lycée de Saint-Omer.

Les huit Inspecteurs primaires du département.

HERMANT, Charles, conseiller municipal, délégué cantonal, à Saint-Omer.

BRET, conseiller municipal, délégué cantonal, à Saint-Omer.

DEVAUX, fils, avoué, conseiller municipal, à Saint-Omer.

FOURNIER, avocat, délégué cantonal, à Saint-Omer.

BOMMIER, notaire, délégué cantonal, à Saint-Omer.

CADET, avocat, délégué cantonal, à Saint-Omer.

HÉLOUIS, capitaine au 8e de ligne, officier d'ordonnance du Général.

l'abbé ROGER, curé de Saint-Denis, à Saint-Omer.

CLEISZ, pasteur protestant, à Saint-Omer.

ARNAUD, avocat, président de la Société de Géographie, à Saint-Omer.

FROPO, avocat, secrétaire de la Société de Géographie, à Saint-Omer.

DE LAUWEREYNS, professeur au Lycée de Saint-Omer.

CARÊME, professeur au Lycée de Saint-Omer.

CONVISY, professeur au Lycée de Saint-Omer.

LONGUET, professeur au Lycée de Saint-Omer.

LOOSDREGT, professeur au Lycée de Saint-Omer.

FLEURY, directeur gérant du *Mémorial Artésien*, délégué cantonal.

BOT, architecte de la ville.

Mmes BRESSON.
 CARÊME.
 DUMÉNIL.
 ELIET.
 FAUVEL-CARPENTIER.
 LOOSDREGT.
 RINGOT.
 STREIFF.

La Commission pourra s'adjoindre des membres auxiliaires si elle le juge nécessaire.

ART. 5. — M. l'Inspecteur d'Académie est chargé de l'exécution du présent arrêté.

Fait à Arras, le 16 janvier 1884.

Le *Préfet du Pas-de-Calais*.

Signé : VEL-DURAND.

Délibération du Conseil départemental de l'Instruction publique (18 janvier 1884).

——————

M. l'Inspecteur d'Académie donne communication au Conseil d'un arrêté préfectoral décidant qu'une Exposition scolaire départementale se tiendra en 1884, à Saint-Omer, au moment du Concours régional d'Agriculture et arrêtant le règlement de cette Exposition.

Il fait ensuite remarquer au Conseil que la ville de Saint-Omer prend à sa charge les frais considérables de l'installation matérielle de l'Exposition et a voté un crédit pour les prix à distribuer. Mais ce crédit ne sera point suffisant pour récompenser tous les lauréats. Comme il s'agit d'un intérêt départemental, M. l'Inspecteur pense que le Conseil général consentira à voter une subvention pour aider à couvrir les frais de l'Exposition.

Le Conseil,

Entendu l'exposé de M. l'Inspecteur d'Académie et s'associant au désir exprimé par lui,

Emet, à l'unanimité, le vœu que le Conseil général veuille bien voter une subvention pour aider à couvrir les frais de l'Exposition scolaire départementale qui doit s'ouvrir à Saint-Omer en même temps que le Concours régional d'Agriculture.

Pour extrait conforme :

L'Inspecteur d'Académie,

Signé : RIDOUX.

Commission d'organisation de l'Exposition scolaire.
Composition du bureau.

PRÉSIDENTS D'HONNEUR.

M. le Préfet du Pas-de-Calais.
M. le Maire de Saint-Omer.

PRÉSIDENT.

M. l'Inspecteur d'Académie.

VICE-PRÉSIDENTS.

Mme Duméril.
M. le Sous-Préfet de Saint-Omer.
M. Ringot, adjoint au maire.

SECRÉTAIRE GÉNÉRAL.

M. Eliet, inspecteur primaire.

SECRÉTAIRES.

Mme Loosdregt.
M. Loosdregt, professeur au Lycée.
M. Corvisy, professeur au Lycée.
M. Fropo, avocat.

TRÉSORIER.

M. Bommier, notaire.

Règlement spécial de l'Exposition, arrêté de M. le Préfet (27 janvier 1884).

Le Préfet du Pas-de-Calais, chevalier de la Légion d'honneur,
Vu les propositions de la Commission instituée par l'arrêté du 16 janvier 1884, à l'effet de préparer l'organisation de l'Exposition scolaire,
Vu le rapport de M. l'Inspecteur d'Académie,

ARRÊTE :

ARTICLE 1er. — A l'occasion du Concours régional une Exposition scolaire aura lieu à Saint-Omer, du 7 au 16 juin 1884, pendant la durée du Concours régional.

ART. 2. — Tous les établissements publics et libres d'instruction primaire du département du Pas-de-Calais sont invités à prendre part à cette Exposition.

L'Exposition comprendra trois catégories :
1° Ecoles publiques du département du Pas-de-Calais.
2° Ecoles libres du département du Pas-de-Calais.
3° Constructions et mobiliers scolaires, matériel d'enseignement.

TITRE Ier.

ÉCOLES PUBLIQUES DU DÉPARTEMENT DU PAS-DE-CALAIS.

ART. 3. — En ce qui concerne l'enseignement primaire public du département du Pas-de-Calais, l'Exposition comprendra deux parties : l'une obligatoire, l'autre facultative.

Partie obligatoire. — Tous les instituteurs et institutrices publics devront envoyer à l'Exposition :

Deux cahiers-journaux pour chaque cours de dix élèves, et un cahier en plus pour chaque dizaine et fraction de dizaine en sus. Ces cahiers renfermeront les devoirs donnés depuis la rentrée jusqu'au jour de l'envoi.

Les écoles de filles enverront en outre, et dans la même proportion que pour les cahiers-journaux, des travaux à l'aiguille et de préférence les travaux d'utilité journalière (confection et raccommodage de linge et de vêtements, marque et numérotage de linge, remmaillage, reprises, etc.)

Dans le cours supérieur ne pourront figurer que les travaux des élèves pourvus du certificat d'études primaires et âgés de moins de 15 ans au mois d'octobre 1883.

Les élèves âgés de 15 ans et plus au 1er octobre 1882, feront partie d'un cours dit supplémentaire. Les instituteurs adresseront pour ce cours et pour toutes les matières enseignées, les cahiers de deux élèves au moins, de cinq au plus.

Pour les écoles supérieures, l'Exposition obligatoire comprendra :

1° La série des compositions hebdomadaires depuis la rentrée d'octobre, jusqu'au jour où les travaux seront demandés ;

2° Les cahiers des devoirs journaliers de deux élèves au moins, de cinq au plus, pour chacune des années que comprend l'école.

Une circulaire déterminera l'époque et le mode d'envoi des travaux de la partie obligatoire.

Partie facultative. — Cette partie se divise en deux sections formées, l'une des travaux des élèves, l'autre des travaux des maîtres :

La première section comprendra :

Les compositions hebdomadaires, dessins, cartes, travaux manuels (écoles de garçons), et tous autres travaux d'élèves que les instituteurs et institutrices jugeront utile d'exposer.

Elles renfermera trois groupes :

1° Écoles maternelles, écoles et classes enfantines.

2° Écoles primaires élémentaires.

3° Cours complémentaires et écoles primaires supérieures.

La deuxième section sera divisée en sept groupes, composés comme suit :

1er Groupe. — Histoire de l'enseignement primaire dans la commune, le canton ou le département.

2e Groupe. — Tableaux et cartes pour l'enseignement des différentes matières, musées scolaires, collections diverses.

3e Groupe. — Plans d'études, emplois du temps, programmes, projets d'organisation pédagogique, certificats d'études primaires (statistique), travaux pédagogiques divers (manuscrits ou imprimés), bibliothèques pédagogiques.

4e Groupe. — Enseignement agricole : cours, collections d'insectes et de graines, herbiers.

5e Groupe. — Cours d'adultes, bibliothèques scolaires, caisses d'épargne scolaires, sociétés protectrices des animaux.

6e Groupe. — Enseignement du dessin, organisation des cours, reliefs, plans de maisons d'écoles.

7ᵉ Groupe. — Enseignement du chant, méthode, programmes, recueils de chants scolaires, orphéons, gymnastique et exercices militaires.

Art. 4. — Les instituteurs et institutrices qui désirent prendre part à l'Exposition facultative devront en faire la demande à l'inspection académique avant le 1ᵉʳ mars, terme de rigueur.

Cette demande fera mention des objets à exposer et de leurs dimensions.

Les objets appelés à figurer dans la partie facultative de l'Exposition devront être envoyés par les exposants *et à leurs frais*, avant le 1ᵉʳ mai 1884, terme de rigueur.

Ils porteront cette suscription :

A Monsieur l'Inspecteur d'Académie, pour l'Exposition scolaire, au Lycée, à Saint-Omer.

TITRE II.

ÉCOLES LIBRES DU DÉPARTEMENT DU PAS-DE-CALAIS.

Art. 5. — Les instituteurs et institutrices libres du département du Pas-de-Calais seront admis à exposer les travaux de leurs élèves (cahiers de devoirs, compositions, dessins, cartes géographiques, travaux à l'aiguille, etc.)

Chaque branche d'enseignement ne pourra être représentée par plus de dix spécimens pour la même école.

Pour la date et la forme des demandes et des envois, voir l'article 4.

TITRE III.

CONSTRUCTIONS ET MOBILIERS SCOLAIRES, MATÉRIEL D'ENSEIGNEMENT.

Art. 6. — L'Exposition comprend en outre les objets dont suit la liste :

Plans d'écoles et de groupes scolaires ;

Mobilier : tables, bancs pour écoles et préaux, mobilier spécial des classes de dessin ;

Appareils de chauffage et de ventilation ;

Matériel d'enseignement : méthodes de lecture et d'écriture, tableaux noirs, tableaux d'histoire, cartes et globes, tableaux synoptiques, bouliers-compteurs, compendiums, collections de solides géométriques, instruments et appareils servant à l'enseignement des sciences physiques et naturelles ;

Modèles de dessins, plâtres ;

Appareils de gymnastique et fusils scolaires ;

Librairie : livres, cahiers et tous objets se rapportant à l'enseignement primaire.

Peuvent prendre part à cette dernière Exposition : les architectes, constructeurs, fabricants et libraires de France.

Art. 7. — Les demandes des exposants devront parvenir avant le 1er mars, terme de rigueur, à M. l'Inspecteur d'Académie à Saint-Omer.

En voici la formule :

« Je soussigné,   demeurant à
demande à exposer les objets ci-après désignés, pour lesquels j'aurai besoin de l'emplacement suivant :

    Longueur :
    Largeur :
    Hauteur :

« Désignation et prix des objets. »

Ces objets devront être expédiés, avant le 10 mai, terme de rigueur. Ils porteront la suscription suivante :
« A Monsieur l'Inspecteur d'Académie, pour l'Exposition scolaire, au Lycée, à Saint-Omer. »

DISPOSITIONS GÉNÉRALES.

Art. 8. — Des mesures seront prises pour protéger contre toute avarie les objets exposés ; mais la ville de Saint-Omer et la Commission ne seront en aucune façon responsables des accidents, incendies, dégâts ou dommages dont ils auraient à souffrir, quelles qu'en soient la cause et l'importance.

Art. 9. — Des prix, consistant en diplômes d'honneur, en médailles, en mentions honorables et autres récompenses seront décernés par des jurys spéciaux dans chacun desquels entreront trois membres nommés par les exposants.

Art. 10. — Les récompenses seront proclamées dans une séance solennelle, dont la date sera ultérieurement fixée.

Art. 11. — M. l'Inspecteur d'Académie du Pas-de-Calais, président de la Commission d'organisation de l'Exposition scolaire, est chargé de veiller à l'exécution du présent règlement.

Fait à Arras, le 27 janvier 1884.

Le Préfet du Pas-de-Calais,

VEL-DURAND.

Circulaire de M. l'Inspecteur d'Académie à Mmes les Institutrices & MM. les Instituteurs publics du département (29 janvier 1884).

———

Arras, le 29 janvier 1884.

· Mesdames les Institutrices,
Messieurs les Instituteurs,

L'article 3 du règlement spécial vous a fait connaître l'organisation de l'Exposition scolaire en ce qui concerne les écoles publiques du département du Pas-de-Calais. Je crois utile d'entrer dans quelques détails, afin de vous montrer ce que l'Administration attend de vos efforts.

Je parlerai d'abord de la *partie obligatoire.*

Chacune des écoles publiques *devra* être représentée à l'Exposition par un certain nombre de cahiers-journaux pour chacun des cours qu'elle peut comprendre. Le nombre de ces cahiers a été fixé par le règlement.

Dans le cours supérieur figureront les élèves pourvus du certificat d'études primaires et âgés de moins de 15 ans au 1er octobre 1883 ; quant à ceux qui ont dépassé cet âge, ils seront rangés dans une division spéciale appelée *cours supplémentaire.*

Pour chaque élève, il y aura lieu de produire tous les cahiers remontant, sinon au début de l'année scolaire, du moins à la rentrée de l'élève à l'école ; le cahier en cours d'exécution sera joint à l'envoi. Les cahiers seront réunis dans un léger cartonnage.

Pour les élèves des trois cours de l'école primaire (élémentaire, moyen et supérieur), ainsi que pour ceux du cours supplémentaire, les cahiers-journaux *devront* être envoyés par *toutes* les institutrices et par *tous* les instituteurs *dans le délai de trois jours après la réception du présent bulletin.*

Sur le cartonnage contenant les cahiers d'un même élève seront consignées les indications suivantes :

Commune d

Nature de l'école (spéciale aux garçons ; spéciale aux filles ; mixte).

Nom du directeur ou de la directrice.

Chaque cahier portera sur la première page les indications suivantes :

Nom et prénoms de l'élève ;

Date et lieu de naissance ;

Date de la première entrée à l'école ;

Désignation du cours auquel il appartient.

Pour le cours dit supplémentaire et pour les écoles primaires supérieures (cours complémentaires, écoles de deux ou trois années), mention sera faite du certificat d'études obtenu par l'élève. (Dans les écoles où le cours supérieur n'existe pas, les élèves pourvus dudit certificat seront considérés comme en faisant partie de droit).

Les indications qui précèdent seront certifiées exactes par les instituteurs et les institutrices qui en garantiront la sincérité *sous leur responsabilité.*

Les travaux de la partie obligatoire seront envoyés par chaque directeur ou directrice d'école à l'instituteur public du chef-lieu de canton qui est chargé spécialement de les expédier à Saint-Omer. (Ce fonctionnaire recevra en temps utile des instructions).

Il en sera de même pour les travaux à l'aiguille qui, d'après le règlement, doivent être fournis par les écoles de filles et les écoles mixtes. Mais, pour cette dernière catégorie, l'Administration désirant laisser aux maîtresses le temps nécessaire pour recueillir les objets confectionnés et les classer dans un ordre méthodique (l'emploi d'albums est spécialement recommandé), a cru devoir accorder un plus long délai : ces objets devront être envoyés *avant le 1er mars, terme de rigueur.*

Pour les cours complémentaires ainsi que pour les écoles primaires supérieures, les travaux des élèves (voir pour le détail le règlement) seront adressés à l'Inspecteur d'Académie, *à Saint-Omer,* dans le même délai que ceux des écoles primaires élémentaires, en ce qui concerne la partie obligatoire de l'Exposition.

La partie facultative, ainsi que l'énonce le règlement, comprend les travaux des élèves et ceux des maîtres. Les uns comme les autres devront   arvenir à Saint-Omer avant le 1er mai, et les exposants devront envoyer leurs demandes avant le 1er mars.

Les objets expédiés à titre facultatif par les instituteurs le seront *aux frais des exposants,* ainsi que cela a lieu, du reste, pour toutes les autres catégories d'exposants.

Les travaux des élèves porteront les indications prescrites plus haut pour la partie obligatoire.

Je ne saurais trop, Mesdames les Institutrices et Messieurs les Instituteurs, vous recommander la plus grande exactitude, dans l'intérêt même de la bonne installation de notre Exposition. Vous comprendrez combien il importe que la Commission d'organisation soit fixée de la façon la plus précise sur le nombre et les dimensions des objets qui lui seront envoyés, afin de pouvoir assigner à chacun d'eux une place convenable.

Quant à la nature des objets, les divisions établies par le règlement que vous avez sous les yeux me dispensent, je crois, d'entrer dans des développements qui feraient double emploi avec les prescriptions de ce règlement. Il me suffira de vous dire que l'Administration compte sur le bon vouloir du personnel enseignant des écoles publiques ; chacun de vous, j'en ai l'assurance, voudra, dans la mesure de ses moyens, prouver que depuis la dernière exposition départementale (1877) des efforts sérieux ont été tentés, des progrès sensibles réalisés.

Je vous remercie à l'avance, Mesdames et Messieurs, de votre concours empressé et vous renouvelle l'assurance de ma considération très distinguée.

L'Inspecteur d'Académie,

Signé : RIDOUX.

Arrêté de M. le Préfet nommant les dix-sept Jurys de l'Exposition scolaire (5 avril 1884).

———————

Le Préfet du Pas-de-Calais, chevalier de la Légion d'honneur,
Vu les arrêtés en date des 27 janvier et 4 avril 1884, portant règlement de l'Exposition scolaire,
Vu le rapport et les propositions de M. l'Inspecteur d'Académie,

ARRÊTE :

ARTICLE 1er. — Les jurys chargés de l'examen des travaux et objets qui doivent figurer à l'Exposition scolaire sont constitués ainsi qu'il suit :

1er JURY.

ÉCOLES PUBLIQUES. — PARTIE OBLIGATOIRE (SAUF LES TRAVAUX A L'AIGUILLE).

MM. PETIT, Amédée, délégué cantonal, à Magnicourt-sur-Canche.
FAUCQUETTE, délégué cantonal, à Aire-sur-la-Lys.
ROLIN, délégué cantonal, à Aire-sur-la-Lys.
DESCAMPS, délégué cantonal, à Aire-sur-la-Lys.
PORION, père, délégué cantonal, à Wardrecques.
BOURET, délégué cantonal, à Zutkerque.
MACAUX, délégué cantonal, à Lumbres.
SAGOT-AVOT, délégué cantonal, à Wavrans.
VANDOME, délégué cantonal, à Vaudringhem.
BOMMIER, délégué cantonal, à Saint-Omer.
HÉRMANT, délégué cantonal, à Saint-Omer.
SAGNIER, délégué cantonal, à Thérouanne.
RANSON, délégué cantonal, à Ardres.
TRUNET, délégué cantonal, à Aire-sur-la-Lys.
DERON, délégué cantonal, à Arques.
FROPO, avocat, à Saint-Omer.
ENGRAND-LEROY, délégué cantonal, à Fauquembergues.

MM. Rouyer, délégué cantonal, à Lumbres.

Billardon, délégué cantonal, directeur de la poudrerie d'Es-querdes.

Mahistre, professeur au Lycée de Saint-Omer.

Legrand, père, professeur au Lycée de Saint-Omer.

Mailland, professeur au Lycée de Saint-Omer.

Rogez, professeur au Lycée de Saint-Omer.

Lambert, professeur au Lycée de Saint-Omer.

Pruvost, professeur au Lycée de Saint-Omer.

Bonnet, professeur au Lycée de Saint-Omer.

Degroote, professeur au Lycée de Saint-Omer.

Sire, professeur au Lycée de Saint-Omer.

Thomas, professeur au Lycée de Saint-Omer.

de Lauwereyns, professeur au Lycée de Saint-Omer.

Broquet, professeur au Lycée de Saint-Omer.

Daigniez, professeur au Lycée de Saint-Omer.

Les Inspecteurs primaires du département.

Huit personnes (instituteurs, institutrices, directrices d'écoles maternelles, ou toutes autres personnes bien connues par leur dévouement aux intérêts scolaires) nommées par les instituteurs et institutrices publics titulaires.

2° JURY.

ÉCOLES PUBLIQUES DE FILLES. — PARTIE OBLIGATOIRE (TRAVAUX A L'AIGUILLE)

Mmes Bresson.

Duméril.

Carême.

Eliet.

Fauvel-Carpentier.

Loosdregt.

Ringot.

Streiff.

Broquet.

Bonnet.

Mahistre.

Ragache.

Dumont.

Fleury.

Bommier.

Arnaud.

Devaux, fils.

Hermant-Bouquillion.

Saint-Aubin.

Mmes MANTEL.
    LEFOUL.
    BERNARD.
    DAUVERGNE.
    UFFLER.
    M. DEVISME, inspecteur primaire à Montreuil.
    Huit personnes (institutrices, directrices d'écoles maternelles ou toutes autres personnes bien connues par leur dévouement aux intérêts scolaires) nommées par les institutrices et directrices d'écoles maternelles publiques.

3° JURY.

ÉCOLES PUBLIQUES. — PARTIE FACULTATIVE.

Mmes BRESSON.
    DUMÉRIL.
    STREIFF.
    CARÊME.
    LOOSDREGT.
    ELIET.
MM. DE BEAUMONT, président du Tribunal civil de Saint-Omer.
    DAMBRICOURT, présid' du Tribunal de commerce de Saint-Omer.
    SAINT-AUBIN, procureur de la République.
    STREIFF, proviseur du Lycée.
    BARBAUD, censeur du Lycée.
    CARÊME, professeur au Lycée.
    CORVISY, professeur au Lycée.
    LOOSDREGT, professeur au Lycée.
    DERUDDER, professeur au Lycée.
    FONTAINE, inspecteur primaire à Boulogne.
    Trois personnes nommées par les exposants.

4° JURY.

ÉCOLES LIBRES.

Mmes BOSQUILLON DE FRESCHEVILLE.
    BRILLAUD.
    FOURNIER.
    BACHELEZ.
MM. QUENSON DE LA HENNERIE, conseiller général.
    LABITTE.
    LEFEBVRE DE PREY.
    l'abbé SAGOT, grand-doyen de Saint-Omer.
    l'abbé ROGER, curé de Saint-Denis, à Saint-Omer.
    l'abbé DOUBLET, curé de Saint-Sépulcre, à Saint-Omer.

MM. CLEISZ, pasteur protestant.
BLUM, professeur au Lycée.
LÉONARD, professeur au Lycée.
LEGRAND, fils, professeur au Lycée.
MINET, inspecteur primaire à Arras.
DAVID, inspecteur primaire à Arras.
Trois membres nommés par les exposants.

5ᵉ JURY.

HISTOIRE DE L'ENSEIGNEMENT PRIMAIRE.

MM. ARNAUD, président de la Société de Géographie.
DE LAUWEREYNS, professeur au Lycée.
MAHISTRE, professeur au Lycée.
SIMON, professeur au Lycée.
QUIQUET, inspecteur primaire à Saint-Pierre.
Trois membres nommés par les exposants.

6ᵉ JURY.

TABLEAUX ET CARTES POUR L'ENSEIGNEMENT DES DIFFÉRENTES MATIÈRES, MUSÉES SCOLAIRES, COLLECTIONS DIVERSES.

MM. DUMÉRIL, maire de la ville de Saint-Omer.
FOURNIER, délégué cantonal à Saint-Omer.
BRET, délégué cantonal à Saint-Omer.
CORVISY, professeur au Lycée de Saint-Omer.
BUSSADORI, inspecteur primaire à Saint-Pol.
Trois membres nommés par les exposants.

7ᵉ JURY.

PLANS D'ÉTUDES, EMPLOIS DU TEMPS, PROJETS D'ORGANISATION PÉDAGOGIQUE, ETC.

MM. DUHAMEL, conseiller général, à Paris.
ROUYER, délégué cantonal à Lumbres.
BLUM, professeur au Lycée de Saint-Omer.
MINET, inspecteur primaire à Arras.
Trois membres nommés par les exposants.

8ᵉ JURY.

ENSEIGNEMENT AGRICOLE : COURS, COLLECTIONS D'INSECTES ET DE GRAINES, HERBIERS.

MM. BRÉMART, conseiller général à Louches.
PLATIAU, conseiller d'arrondissement à Longuenesse.

MM. Cadet, délégué cantonal à Saint-Omer.
    Comon, professeur départemental d'agriculture.
    Rinquin, inspecteur primaire à Béthune.
Trois membres nommés par les exposants.

9ᵉ JURY.

COURS D'ADULTES, BIBLIOTHÈQUES SCOLAIRES, CAISSES D'ÉPARGNE
SCOLAIRES, SOCIÉTÉS PROTECTRICES DES ANIMAUX.

MM. Jonnart, conseiller général à Fléchin.
    Hermant-Bouquillion, président du Conseil d'arrondisse-
    ment à Saint-Omer.
    Dauvergne, receveur des Finances à Saint-Omer.
    Loosdregt, professeur au Lycée de Saint-Omer.
    David, inspecteur primaire à Arras.
Trois membres nommés par les exposants.

10ᵉ JURY.

ENSEIGNEMENT DU DESSIN : ORGANISATION DES COURS, RELIEFS, PLANS DE
MAISONS D'ÉCOLE.

MM. Lefoul, ingénieur des Ponts et Chaussées à Saint-Omer.
    Daigniez, professeur au Lycée de Saint-Omer.
    Pollet, professeur au Lycée de Saint-Omer.
    Devisme, inspecteur primaire à Montreuil.
Trois membres nommés par les exposants.

11ᵉ JURY.

ENSEIGNEMENT DU CHANT : MÉTHODES, PROGRAMMES, RECUEILS DE CHANTS
SCOLAIRES, ORPHÉONS, GYMNASTIQUE ET EXERCICES MILITAIRES.

MM. Minne, président de la Société Philharmonique de Saint-
    Omer.
    Framezelle, secrétaire de la Chambre de Commerce de
    Saint-Omer.
    Hélouis, officier d'ordonnance du Général à Saint-Omer.
    Luc, professeur de musique à Saint-Omer.
    Catouillard, professeur de musique à Saint-Omer.
    Sommerock, professeur au Lycée de Saint-Omer.
    Béatrix, professeur de gymnastique à Saint-Omer.
    Fontaine, inspecteur primaire à Boulogne.
Trois membres nommés par les exposants.

2.

12ᵉ JURY.

PLANS D'ÉCOLES ET DE GROUPES SCOLAIRES.

MM. BRESSON, sous-préfet de Saint-Omer.
    RINGOT, adjoint au maire.
    LEFOUL, ingénieur.
    DAMBRICOURT, délégué cantonal à Wizernes.
    BACHELEZ, docteur en médecine à Saint-Omer.
    BOT, architecte de la ville de Saint-Omer.
    RINQUIN, inspecteur primaire à Béthune.
Trois membres nommés par les exposants.

13ᵉ JURY.

MOBILIER : TABLES, BANCS POUR ÉCOLES ET PRÉAUX ; MOBILIER SPÉCIAL DES CLASSES DE DESSIN ; APPAREILS DE CHAUFFAGE ET DE VENTILATION.

MM. BRESSON, sous-préfet de Saint-Omer.
    LEMOINE, conseiller d'arrondissement, à Hallines.
    RINGOT, adjoint au maire de Saint-Omer.
    LEFOUL, ingénieur à Saint-Omer.
    HÉLOUIS, officier d'ordonnance du Général, à Saint-Omer.
    MANTEL, docteur en médecine à Saint-Omer.
    BERNARD, docteur en médecine à Saint-Omer.
    DEVISME, inspecteur primaire à Montreuil.
Trois membres nommés par les exposants.

14ᵉ JURY.

MATÉRIEL D'ENSEIGNEMENT : MÉTHODES DE LECTURE ET D'ÉCRITURE, TABLEAUX NOIRS, ETC.

MM. FLEURY, délégué cantonal à Saint-Omer.
    CARÈME, professeur au Lycée.
    DAIGNIEZ, professeur au Lycée.
    CORVISY, professeur au Lycée.
    DE LAUWEREYNS, professeur au Lycée.
    LEGRAND, père, professeur au Lycée.
    FONTAINE, inspecteur primaire à Boulogne.
Trois membres nommés par les exposants.

15ᵉ JURY.

MODÈLES DE DESSINS ; PLATRES.

MM. LEFOUL, ingénieur à Saint-Omer.
    FLEURY, délégué cantonal.

MM. Pollet, professeur au Lycée de Saint-Omer.
   Devisme, inspecteur primaire à Montreuil.
Trois membres nommés par les exposants.

16ᵉ JURY.

APPAREILS DE GYMNASTIQUE ET FUSILS SCOLAIRES.

MM. Braillaud, président de la Société de Gymnastique de Saint-
   Omer.
   Hélouis, officier d'ordonnance du Général, à Saint-Omer.
   Devaux, fils, délégué cantonal à Saint-Omer.
   Mantel, docteur en médecine à Saint-Omer.
   Béatrix, professeur au Lycée de Saint-Omer.
   Quiquet, inspecteur primaire à Saint-Pierre-lès-Calais.
Trois membres nommés par les exposants.

17ᵉ JURY.

LIBRAIRIE : LIVRES CLASSIQUES, CAHIERS ET TOUS OBJETS SE RAPPORTANT A L'ENSEIGNEMENT PRIMAIRE.

MM. Fleury, délégué cantonal à Saint-Omer.
   Streiff, proviseur du Lycée de Saint-Omer.
   Barbaud, censeur du Lycée de Saint-Omer.
   Broquet, professeur au Lycée de Saint-Omer.
   Rogez, professeur au Lycée de Saint-Omer.
   Bussadori, inspecteur primaire à Saint-Pol.
Trois membres nommés par les exposants.

Art. 2. — Chaque jury nommera son bureau composé d'un président, d'un vice-président, d'un ou plusieurs secrétaires.

Art. 3. — M. l'Inspecteur d'Académie, président de la Commission d'organisation de l'Exposition scolaire, et M. Eliet, secrétaire général de la même Commission, font partie de droit de tous les jurys.

Quand M. l'Inspecteur d'Académie assiste à une séance d'un jury, il en a de droit la présidence.

Art. 4. — Les propositions de récompenses formulées par chaque jury seront soumises à une Commission formée de membres de tous les jurys spéciaux et qui statuera en dernier ressort.

Cette Commission sera présidée par M. l'Inspecteur d'Académie.

Art. 5. — La distribution des récompenses aura lieu dans une séance solennelle dont la date sera ultérieurement fixée.

ART. 6. — M. l'Inspecteur d'Académie, président de la Commission d'organisation de l'Exposition scolaire, est chargé de l'exécution du présent arrêté.

Fait à Arras, le 5 avril 1884.

Le Préfet du Pas-de-Calais,

Signé : VEL-DURAND.

Pour copie conforme :

L'Inspecteur d'Académie,

Signé : RIDOUX.

Liste des Souscriptions recueillies.

	FR.
LE CONSEIL GÉNÉRAL du Pas-de-Calais.	2.000
MM. VEL-DURAND, préfet du Pas-de-Calais.	50
ANSART-RAUX, député, président du Conseil général.	40
BACUEZ, ancien instituteur à Hermies.	25
RUDIN, délégué cantonal à Bullecourt.	5
BLANCHET, délégué cantonal à Biache-Saint-Vaast. .	20
DUQUÉNOY, délégué cantonal et maire à Brunembert.	10
FLORENT-LEFEBVRE, député.	25
TAILLANDIER, conseiller général	50
OLAGNIER, délégué cantonal à Boulogne.	5
SEILLIER, délégué cantonal à Hesdin.	100
LEMARRE, délégué cantonal à Servaast.	5
DESCOTTES, délégué cantonal à Tangry.	10
LIBANDE, délégué cantonal à Menneville.	10
MIROUX, délégué cantonal à Anvin.	10
Dr OVION, délégué cantonal à Boulogne.	10
POUMAIRAC, délégué cantonal à Ferfay.	20
PARENT, délégué cantonal.	10
LEBLEU, délégué cantonal à Sailly-sur-la-Lys	20
RIBOT, député.	25
HAMILLE, député.	25
LEVERT, député.	25
ROLIF, délégué cantonal à Aire.	30
BÉHAL, délégué cantonal à Aire.	10
LALIGANT, délégué cantonal à Marcsquel	20
HERMANT-BOUQUILLION, délégué cant^{al} à Saint-Omer.	30
LEFEBVRE, délégué cantonal à Heuringhem	10
STIÉVENART, délégué cantonal à Lens.	20
FAUCQUETTE, délégué cant^{al}, juge de paix à Laventie.	25
ANNEQUIN, délégué cantonal à Fressin.	5
DEBAY, délégué cantonal à Robecq.	5
PILAT, conseiller général à Brebières.	10
A reporter.	2.665

	Fr.
Report	2.605
MM. Fauvelle, conseiller d'arrondissement à Fruges ...	20
La Délégation cantonale de Norrent-Fontes	25
Bocquillon, délégué cantonal à Roclincourt	10
Guillemant, délégué cantonal à Vitry	5
Hache, délégué cantonal à Vieil-Moutier	10
Delattre, délégué cantonal à Bully-Grenay	5
Breton, délégué cantonal à Courrières	10
Grard, délégué cantonal à Hucqueliers	10
Richard, délégué cantonal à Vitry	25
Brémart, conseiller général	50
Théry, délégué cantonal	20
Hache, délégué cantonal	10
Marquis d'Havrincourt, conseiller général	50
Gérard, fils, de Bapaume	20
Drevelle, de Sailly-au-Bois	60
Foissey, délégué cantonal	20
Sagnier, maire de Thérouanne	40
Labbe, maire d'Hébuterne	45
Lesage, conseiller d'arrondissement	10
Renaud, délégué cantonal à Arras	10
Porion, maire de Wardrecques	100
Fanien, Ovide, maire de Lillers	50
Jonnart, conseiller général	40
Beaucourt-Ponfort, de Division	50
Williame, délégué cantonal	20
Bavière, conseiller d'arrondissement	20
George, délégué cantonal à Saint-Pol	10
Lambert-Evrard, conseiller d'arrondissement	50
Piéron, conseiller d'arrondissement	10
Lereuil, Bouchif-Cadart, Dumont, Fauconnier et Caudrelier, délégués cantonaux	50
Un anonyme	10
Bret, délégué cantonal	5
Croquizon, délégué cantonal à Allouagne	10
Mahieu, président de la Délégation cantonale de Béthune	10
Deguisne, président de la Société de Géographie de Béthune	10
Harlez, président de la Délégation cantonale de Bertincourt	25
Bancourt, aîné, délégué cantonal	10
Bancourt, Albert, conseiller d'arrondissement	10
Leroy, délégué cantonal à Bruay	10
A reporter	3.620

	FR.
Report	3.620
MM. DESCAMPS, délégué cantonal à Aire	30
DELORME, délégué cantonal à Outreau	15
QUENSON DE LA HENNERIE, conseiller général	50
La Délégation cantonale de FRUGES	67
La Commune de VAUDRINGHEM	15
DEUSY, vice-président du Conseil général	35
HAY, délégué cantonal à Vimy	5
Anonyme	20
FOUGERAT, délégué cantonal à Bruay	5
RICHARD, délégué cantonal au Transloy	25
LIGER, délégué cantonal à Le Sars	5
DELEPLANQUE, trésorier-payeur général	50
DE LANNOY, délégué cantonal à Arras	20
LEMAIRE, conseiller d'arrondissement	30
DHORNE, conseiller d'arrondissement à Bapaume	25
La Commune d'AUCHY-LÈS-LA BASSÉE	30
La Commune d'HERSIN-COUPIGNY	20
MACAUX, délégué cantonal à Lumbres	20
FLEURY, délégué cantonal à Saint-Omer	5
LONGAIN, Alexandre, à Saint-Omer	10
LACHERET, pasteur, membre du Conseil départemental de l'Instruction publique	10
PONTFORT, maire de Boiry-Sainte-Rictrude	10
FASQUEL-SAMBOURG, conseiller d'arrondissement	5
MARTEL-HOUZET, maire de Tatinghem	5
BRACQUART, délégué cantonal à Créquy	5
FLORENT, Gaston, délégué cantonal à Monchy-le-Preux	20
LES DAMES des 2ᵉ et 3ᵉ Jurys	159
Félix PLATIAU, conseiller d'arrondᵗ à Longuenesse	30
CRESSON, notaire à Ardres	10
La Commune d'ARQUES	50
La Commune de BLENDECQUES	50
BOUCHEZ, principal du Collège de Béthune	20
PLATRIER, principal du Collège de Boulogne	5
CHARPENTIER, pour la Délégation cantonale de Montreuil	70
DELÂTTRE-DEQUEHEN, délégué cantᵃˡ à Doudeauville	10
BOULANGER, conseiller général à Guines	30
MARTEL, délégué cantonal à Boulogne	10
le baron DARD, maire d'Aire-sur-la-Lys	10
La Ville d'AIRE-SUR-LA-LYS	40
La Commune de WIZERNES	50
A reporter	4.701

			FR.
		Report......	4.701
MM.	La Commune de DESVRES............................		50
	PANNIER, délégué cantonal à Etaples		10
	LEGRELLE, conseiller général, maire d'Arras.......		20
	LELOUP, conseiller général........................		20
	VINCENT, conseiller d'arrond^t et maire de Desvres..		20
	TREUNET, délégué cantonal à Buire-le-Sec.........		5
	LEMOINE, délégué cantonal à Vitry		5
	LÉGER, délégué cantonal à Le Sars...............		20
	DE CORMETTE		10
	La Commune de MONTREUIL......................		200
	Id.	de SAINT-PIERRE-LÈS-CALAIS.........	300
	Id.	d'HAVRINCOURT.....................	25
	Id.	de CROISILLES......................	30
	Id.	de WAVRANS, canton de Lumbres ...	25
	Id.	d'AUDRUICK........................	50
	Id.	de FRÉVENT........................	50
	Id.	d'HÉNIN-LIÉTARD...................	50
	Id.	d'AUCHEL..........................	40
	Id.	de CALAIS.........................	200
	Id.	de RÉTY	20
	Id.	de LUMBRES	50

Total général...... 5.901

Liste des Dons pour récompenses aux Lauréats.

M. LE MINISTRE DE L'INSTRUCTION PUBLIQUE ET DES BEAUX-ARTS :

Histoire de France, par Michelet, 19 beaux volumes, reliés.
Histoire de la Révolution française, par Michelet, 19 beaux
vol. reliés.
La Peinture anglaise, par Ernest Chesneau, 1 vol. relié.
La Peinture hollandaise, par Henry Havard, 1 vol. relié.
14 Collections de Gravures, pour récompenses scolaires.
La Gravure, par le vicomte Henri Delaborde, 1 vol. relié.
Les Procédés de la Gravure, par A. de Lostalot, 1 vol. relié.

M. BUISSON, directeur de l'Enseignement primaire au Ministère
de l'Instruction publique :

Le Monde physique, par Amédée Guillemin, 4 forts volumes
brochés.
Histoire de France populaire, par Henri Martin, 6 forts vol.
brochés.
Lettres choisies de Mme de Sévigné, publiées sous la direction de M. Adolphe Régnier, de l'Institut, 1 fort vol. broché.
Nouvelle galerie des écrivains français, par Sainte-Beuve,
1 vol. broché.

MONSEIGNEUR L'ÉVÊQUE D'ARRAS :

Le Savant du foyer, par L. Figuier, 1 fort volume, relié et
doré sur tranche.
Les grandes Inventions modernes, par L. Figuier, 1 fort
vol. relié et doré sur tranche.
L'Histoire nationale des Gaulois sous Vercingétorix, par
Bosc et Bonnemère, 1 vol. relié et doré sur tranche.

M. BRESSON, sous-préfet de Saint-Omer.

L'Espace céleste, par Emm. Liais, 1 fort volume, relié et
doré sur tranche.

M. CHIRAUX, libraire à Boulogne-sur-Mer :

Nouvelle Géographie universelle (l'Europe centrale), par Élisée Reclus, 1 fort volume, relié et doré sur tranche.

M. DE MALLORTIE, principal du Collège d'Arras :

Nouvelle Géographie universelle (la France), par Élisée Reclus, 1 fort volume, relié.

M. LECESNE, président de la Délégation cantonale d'Arras :

Nouvelle Géographie universelle (la France), par Élisée Reclus, 1 fort volume, relié.

M. le commandant GARNIER, délégué cantonal à Arras :

La France industrielle, par Paul Poiré, 1 volume, relié et doré sur tranche.

M. HUGOT, Arthur, agriculteur et industriel à Lens :

Les Plantes alimentaires, avec atlas, par Gustave Heuzé, 3 volumes, brochés.

M. HURET-LAGACHE, conseiller général, à Pont-de-Briques :

Critique de la Raison pure de Kant, traduit de l'allemand, par Barni, 2 volumes, brochés.

M. BECQUET, délégué cantonal à Lens :

Histoire de la Conquête d'Angleterre par les Normands, (Augustin Thierry), 2 volumes, brochés.

MM. COUGNACQ et DUHAUTOY, délégués cantonaux à Boulogne-sur-Mer :

Nouvelle Géographie universelle (la France), par Élisée Reclus, 1 fort volume, relié et doré sur tranche.

M. FANIEN, député :

Dictionnaire universel d'Histoire et de Géographie, de Bouillet, 1 fort volume, relié.
Atlas d'Histoire et de Géographie, de Bouillet, 1 fort volume, relié.

M. BAILLIEZ, médecin à Harnes :

Dictionnaire de Biographie et d'Histoire, par MM. Dezobry et Bachelet, 2 forts volumes, reliés.

M. le général BROYE, à Arras :

> A travers le Continent mystérieux, par Stanley, 2 volumes, reliés et dorés sur tranche.

M. TUMEREL, libraire à Saint-Omer :

> Le Costume au Moyen-Age, par G. Demay, 1 fort volume, relié et doré sur tranche.

M. DESPREZ, député :

> Coupe Muses, d'après Benvenuto Cellini, musée du Louvre.

M. DUHAMEL, conseiller général :

> Médaille de vermeil, grand module.

M. LEFEBVRE DU PREY, député :

> Médaille de vermeil.

M. le général BARDIN :

> Médaille de vermeil.

M. HUGUET, sénateur :

> 2 Médailles d'argent et 2 Médailles de bronze.

M. PETIT, conseiller d'arrondissement à Boulogne :

> Médaille de vermeil et Médaille d'argent.

M. YOUF, sous-préfet de Montreuil :

> Médaille d'argent et 2 Médailles de bronze.

M. FRESNAYE-LALIGANT, conseiller général :

> Deux photographies du bas-relief : la République instruisant ses enfants, de Mlle Fresnaye.

Distribution des Récompenses (16 juin 1884).

La distribution des prix aux lauréats de l'Exposition scolaire eut lieu le lundi 16 juin, à 10 heures du matin, sous la présidence de M. Hérisson, Ministre du Commerce.

La musique et la Société du Drapeau scolaire de Boulogne étaient venues en uniforme militaire pour participer à la fête. M. le Ministre les passa en revue. Il complimenta vivement les jeunes gens sur leur bonne tenue, leur air vraiment martial, la régularité de leurs mouvements.

Les élèves des Écoles communales de Saint-Omer, sous la conduite de M. Béatrix, exécutèrent aussi avec une précision faisant honneur à leur professeur divers mouvements d'ensemble. L'uniforme manque encore à ces futurs soldats, mais ils ont des fusils en bois qu'ils manœuvrent bien. M. Hérisson leur adressa également ses félicitations.

La cérémonie de la proclamation des récompenses commença alors. Sur l'estrade avaient pris place, à côté de M. le Ministre, M. le général Billot, commandant le 1er corps d'armée ; M. Nolen, recteur de l'Académie de Douai ; MM. le Préfet et les Sous-Préfets du Pas-de-Calais ; M. le général de Frescheville, commandant la 4e brigade d'infanterie et son aide-de-camp M. le capitaine Hélouis ; M. Duhamel, conseiller général ; M. Beurier, ancien inspecteur d'Académie du département, qui avait tenu à honneur de visiter notre belle Exposition scolaire, le fruit pour une grande part de son administration intelligente et dévouée ; M. Ridoux, inspecteur d'Académie et MM. les Inspecteurs primaires ; les autorités de la Ville ; les fonctionnaires du Lycée ; le bureau de la Société de Géographie de Saint-Omer ; les membres des divers Jurys de l'Exposition, etc., etc. — La vaste enceinte réservée était occupée par un grand nombre de dames ; presque tous les instituteurs et institutrices du département avaient répondu à l'appel qui leur avait été adressé.

Après un discours — que nous reproduirons plus loin — de M. l'Inspecteur d'Académie, M. le Ministre témoigna hautement sa satisfaction à MM. les Organisateurs de la magnifique Exposition scolaire. Puis il remit la croix de chevalier de la Légion d'honneur à M. Thuillier, instituteur à Montreuil-sur-Mer ; les palmes d'officier de l'Instruction publique à MM. Ridoux, inspecteur d'Académie à Arras, et Ragache, directeur d'école laïque à Saint-Omer; les palmes d'officier d'Académie à MM. Carême, professeur au Lycée, Aumont, instituteur à Courcelles-lez-Lens, et Louis, instituteur à Helfaut. Ces récompenses étaient attendues ; elles n'en ont pas moins été accueillies par les plus chaleureux applaudissements.

La lecture du palmarès fut faite ensuite par M. Eliet, inspecteur primaire à Saint-Omer.

Discours de M. l'Inspecteur d'Académie.

———

Mesdames,
Messieurs,

Le moment ne me paraît pas venu de porter un jugement sur l'ensemble des travaux qui figurent à notre Exposition scolaire.

Un rapport général sera fait en temps utile par celui qui a été le principal organisateur de cette Exposition, par M. Eliet, mon excellent et si dévoué collaborateur.

Je veux seulement retracer à grands traits devant vous l'œuvre poursuivie. Je le ferai très brièvement.

Le 16 janvier dernier, M. le Préfet instituait une Commission chargée d'élaborer le programme de l'Exposition scolaire départementale de l'enseignement primaire public et libre qui devait avoir lieu à Saint-Omer pendant la durée du Concours régional.

Les maîtres et les maîtresses de nos écoles publiques répondirent à l'appel de l'Administration avec un empressement que je suis heureux de constater.

Quant aux écoles libres, leurs envois furent peu nombreux. Je ne rechercherai point les causes de cette abstention ; je ne puis que la regretter, d'accord en cela avec le Jury spécial de cette partie de l'Exposition.

Lourde, — ai-je besoin de le dire ? — fut la tâche des 17 Jurys chargés d'examiner les objets en nombre si considérable qui garnissent la magnifique chapelle du Lycée, gracieusement mise à notre disposition par l'Autorité ecclésiastique.

Chacun de ces Jurys a apporté dans l'accomplissement de sa mission un zèle éclairé, un dévouement au-dessus de tout éloge.

Je dois une mention toute spéciale aux dames composant le deuxième Jury à qui incombait la tâche délicate de classer les travaux à l'aiguille des écoles de filles et des écoles mixtes.

Je ne saurais non plus passer sous silence le premier Jury ; il me suffira de dire que ce Jury avait à apprécier les 12.000 cahiers envoyés obligatoirement par nos écoles publiques.

Je suis heureux de remercier ici tous mes collaborateurs du précieux concours qu'ils ont prêté à l'Administration de l'instruction publique.

Si nombreux sont les travaux et les objets exposés, nombreuses aussi seront les récompenses.

Non contente de prendre à sa charge tous les frais de l'installation matérielle de l'Exposition, la ville de Saint-Omer nous a abandonné, pour être converti en prix, le produit des entrées.

Le Conseil général a mis à notre disposition un crédit de 2,000 francs.

Enfin, une souscription publique a été ouverte, à laquelle ont pris part les municipalités, les particuliers et les éditeurs amis de l'instruction. Cette souscription a déjà dépassé le chiffre de 2,000 francs.

Que tous ces généreux donateurs reçoivent l'expression de notre reconnaissance.

Quant au représentant du Gouvernement, dont la présence atteste toute la sollicitude de la République pour l'éducation populaire, cette sauve-garde de nos libertés, je n'entreprendrai pas de le remercier : vos applaudissements se chargeront de ce soin.

Liste des Récompenses.

Écoles spéciales de garçons.

1re SÉRIE.

Ecoles comprenant trois cours (élémentaire, moyen & supérieur).

Grand diplôme d'honneur et livres offerts par M. le Ministre de l'Instruction publique,
à l'école de LUMBRES, M. Piquet, instituteur.

Médaille de vermeil, grand module, offerte par M. le Préfet du Pas-de-Calais, et livres offerts par M. Buisson, directeur de l'Enseignement primaire,
à l'école d'AIRE-SUR-LA-LYS, M. Dannel, instituteur.

Médaille de vermeil, grand module, offerte par M. le général Bardin, et livre offert par M. Fanien, député,
à l'école de BÉTHUNE, M. Stal, instituteur.

Médaille de vermeil, petit module, offerte par M. Bouchez, principal du Collège de Béthune, et livre offert par M. Bresson, sous-préfet de Saint-Omer,
à l'école de LENS, M. Coquelin, instituteur.

Médaille de vermeil, petit module, offerte par M. Bouchez, principal du Collège de Béthune, et livre offert par M. Tumerel, libraire à Saint-Omer,
à l'école de VIOLAINES, M. Varet, instituteur.

Médaille de vermeil, petit module, offerte par M. Pannier, délégué cant¹ à Etaples, et livres offerts par M. le général Broye,
à l'école de MONTREUIL-SUR-MER, M. Thuillier, instituteur.

Médaille d'argent, petit module, offerte par M. Lemaire, conseiller d'arrondissement, et livre offert par M. de Mallortie, principal du Collège d'Arras,
à l'école de BUSNES, M. Truffler, instituteur.

Médaille de bronze, grand module, offerte par M. Parent, délégué cantonal, et livre offert par M. le command' Garnier, à l'école d'Œuf, M. Fauquembergue, instituteur.

Médaille de bronze, grand module, offerte par M. Cresson, notaire à Ardres, et livres offerts par M. Becquet, délégué cantonal à Lens, à l'école de Saint-Omer, M. Ragache, instituteur.

Médaille de bronze, grand module, offerte par un anonyme, et livres offerts par le Département, à l'école de Bully-Grenay, M. Mayeur, instituteur.

Médaille de bronze, grand module, offerte par M. Deusy, vice-président du Conseil général, et livres offerts par le Département, à l'école d'Havrincourt, M. Crépel, instituteur.

Médaille de bronze, grand module, offerte par M. Lacheret, pasteur, membre du Conseil départemental de l'instruction publique, et livres offerts par le Département, à l'école de Nielles-lez-Bléquin, M. Hanne, instituteur.

Médaille de bronze, grand module, offerte par M. Martel, délégué cant' à Boulogne, et livres offerts par le Département, à l'école de Samer, M. Blart, instituteur.

Médaille de bronze, grand module, offerte par M. Leloup, conseiller général, et livre offert par Mgr l'Évêque d'Arras, à l'école d'Acquin, M. Balligand, instituteur.

Médaille de bronze, grand module, offerte par M. Leloup, conseiller général, et livres offerts par le Département, à l'école d'Andres, M. Renier, instituteur.

Médaille de bronze, grand module, offerte par M. Delattre-Dequehen, délégué cantonal à Doudeauville, et livres offerts par le Département, à l'école de Boulogne, M. Baclez, instituteur.

Médaille de bronze, grand module, offerte par M. Boulanger, conseiller général à Guines, et livres offerts par le Département, à l'école de Diéval, M. Bocquet, instituteur.

Médaille de bronze, grand module, offerte par M. Boulanger, conseiller général à Guines, et livres offerts par le Département, à l'école d'Hénin-Liétard, M. Pintiaux, instituteur.

Médaille de bronze, grand module, offerte par M. Boulanger, conseiller général à Guines, et livres offerts par le Département, à l'école de Marconnelle, M. Fromentin, instituteur.

3.

Médaille de bronze, grand module, offerte par M. Macaux, délégué cantonal à Lumbres, et livres offerts par M. Huret-Lagache, conseiller général,
à l'école de Saint-Omer, M. Toussaint, fre Adelme-Élie, institur.

Mentions honorables et livres offerts par le Département,
aux écoles d'Avesnes-le-Comte, M. Lavigne, instituteur.
—   de Boulogne, M. Duflos, instituteur.
—   de Boulogne, M. Huleux, instituteur.
—   de Liévin, M. Pannéquin, instituteur.
—   d'Hucqueliers, M. Lecoutre, instituteur.
—   d'Auchel (Bois-Saint-Pierre), M. Sénéchal, institur.
—   de Boulogne, M. Hembert, instituteur.
—   d'Haisnes, M. Potel, instituteur.
—   de Le Parcq, M. Delattre, instituteur.
—   d'Ambleteuse, M. Ponchel, instituteur.
—   de Bapaume, M. Carlin, instituteur.
—   de Berck (Plage), M. Hochart, instituteur.
—   d'Étaples, M. Pannier, instituteur.
—   de Lillers, M. Lacroix, instituteur.
—   de Neuville-Saint-Vaast, M. Marcon, instituteur.

2e SÉRIE.

Ecoles comprenant deux cours (élémentaire & moyen).

Médaille d'or, offerte par le Département, et livres offerts par M. Buisson, directeur de l'Enseignement primaire,
à l'école de Saint-Omer, M. Dumont, instituteur.

Médaille de vermeil, petit module, offerte par M. Sagnier, maire de Thérouanne, et livre offert par M. Chiraux, libraire à Boulogne,
à l'école de Blendecques, M. Pentel, instituteur.

Médaille de vermeil, petit module, offerte par M. Richard, délégué cantonal à Vitry, et livre offert par M. Lecesne, président de la Délégation cantonale à Arras,
à l'école d'Auxi-le-Château, M. Fusillier, instituteur.

Médaille d'argent, moyen module, offerte par M. Richard, délégué cantonal à Vitry, et livre offert par M. Hugot, Arthur, agriculteur à Lens,
à l'école de Saint-Pierre-lez-Calais, M. Ponche, instituteur.

Médailles de bronze, grand module, offertes par M. Quenson de la Hennerie, conseiller général, et M. Williame, délégué cantonal, et livres offerts par le Département,

aux écoles de Saint-Pierre-lez-Calais, M. Heumez, institut'.
— de Fauquembergues, M. Dorlet, instituteur.
— d'Harnes, M. Chopin, instituteur.
— de Nonnent-Fontes, M. Bleuzet, instituteur.
— de Pihem, M. Candas, instituteur.
— de Saint-Martin-au-Laert, M. Sailly, instituteur.
— de Saint-Omer, M. Delanghe, instituteur.

Mentions honorables et livres offerts par le Département,
aux écoles de Vermelles, M. Béthencourt, instituteur.
— de Gonnehem, M. Duterrage, instituteur.
— de Lens, M. Quenchem, instituteur.
— de Noyelles-Godault. M. Mallart, instituteur.
— de Racquinghem, M. Tramcourt, instituteur.
— de Saint-Martin-Boulogne, M. Loez, instituteur.
— de Saint-Pierre-lez-Calais, M. Cocquempot, instit'.
— de Contes, M. Rispail, instituteur.
— d'Auchel, M. Durand, instituteur.
— de Boulogne, M. Hénon, instituteur.
— de Bourlon, M. Lantoine, instituteur.
— de Merck-Saint-Liévin, M. Cauët, instituteur.
— de Saint-Omer, M. Languet, instituteur.
— de Saint-Pierre-lez-Calais, M. Lecoutre, instit'.
— de Vendin-lez-Béthune, M. Fouquet, instituteur.

Écoles spéciales de filles.

1re SÉRIE.

Écoles comprenant trois cours (élémentaire, moyen & supérieur).

Diplôme d'honneur et coupe offerte par M. Desprez, député,
à l'école de Croisilles, Mlle Thomas, institutrice.

Médaille de vermeil, grand module, offerte par M. le Préfet du
Pas-de-Calais, et livres offerts par M. Bailliez, médecin
à Harnes,
à l'école de Boulogne. Mlle Fourcaud, institutrice.

Médaille de vermeil, grand module, offerte par M. Sagnier, maire
de Thérouanne, et livre offert par M. Fanien, député,
à l'école de Saint-Omer, Mlle Lallemant, institutrice.

Médaille d'argent, moyen module, offerte par M. Petit, conseiller d'arrondissement à Boulogne, et livre offert par
MM. Cougnacq et Duhotoy, délégués cantonaux,
à l'école de Boulogne, Mme Decroix, institutrice.

Médailles de bronze, grand module, offertes par M. Macaux, délégué cantonal à Lumbres, et M. Croquizon, délégué cantonal, et livres offerts par le Département,
aux écoles d'Herchin, Mⁱˡᵉ Duhamel, institutrice.
— de Carvin, Mⁱˡᵉ Lemaire, institutrice.

Médailles de bronze, petit module, offertes par un anonyme, et livres offerts par le Département,
aux écoles de Valhuon, Mᵐᵉ Falentin, institutrice.
— d'Andres, Mᵐᵉ Hatté, institutrice.

Mentions honorables et livres offerts par le Département,
aux écoles d'Annay, Mⁱˡᵉ Dingreviue, institutrice.
— d'Ambleteuse, Mᵐᵉ Dautreaux, institutrice.
— d'Arras, Mⁱˡᵉ Gallet, institutrice.
— de Courcelles-lez-Lens, Mⁱˡᵉ Hachin, institutrice.
— d'Hesdin, Mⁱˡᵉ Lemoine, institutrice.
— d'Heuringhem, Mⁱˡᵉ Thomas, institutrice.
— de Metz-en-Couture, Mⁱˡᵉ Vaillant, institutrice.
— de Samer, Mᵐᵉ Lefebvre, institutrice.

2ᵉ SÉRIE.

Ecoles comprenant deux cours (élémentaire & moyen).

Médaille d'argent, moyen module, offerte par M. Lemaire, conseiller d'arrondissement, et livre offert par M. Buisson, directeur de l'Enseignement primaire,
à l'école de Lens, Mⁱˡᵉ Féret, institutrice.

Médaille de bronze, grand module, offerte par M. Descamps, délégué cantonal, et livres offerts par M. le Ministre de l'Instruction publique,
à l'école de Haut-Arques (Arques), Mⁱˡᵉ Caron, institutrice.

Médaille de bronze, grand module, offerte par M. Descamps, délégué cantonal, et livres offerts par le Département,
à l'école de l'Alluel, Mᵐᵉ Guilbert, institutrice.

Médaille de bronze, petit module, offerte par M. Descamps, délégué cantonal, et livres offerts par le Département,
à l'école d'Esquerdes, Mⁱˡᵉ Sacquépée, institutrice.

Mentions honorables et livres offerts par le Département,
aux écoles de Bertincourt, Mⁱˡᵉ Chopin, institutrice.
— de Boulogne, Mⁱˡᵉ Balleux, institutrice.
— de Boulogne, Mⁱˡᵉ Guyot, institutrice.
— de Bruay, Mᵐᵉ Lebrun, institutrice.

aux écoles de Bully-Grenay, Mlle Delval, institutrice.
—   d'Hestrus, Mlle Clairbout, institutrice.
—   de Nortkerque, Mlle Delannoy, institutrice.
—   de Saint-Pierre-lez-Calais, Mlle Milon, institut^{ce}.
—   de Wamin, Mme Pédeugez, institutrice.

Écoles mixtes.

1re SÉRIE.

Ecoles comprenant trois cours (élémentaire, moyen & supérieur).

Médaille d'argent, moyen module, offerte par M. Delorme, délégué cantonal, et livre offert par M. Buisson, directeur de l'Enseignement primaire,
à l'école de Teneur, M. Fontaine, instituteur.

Mentions honorables et livres offerts par la commune d'Audruick,
aux écoles de Frévin-Capelle, M. Gilbert, instituteur,
—   de Magnicourt-sur-Canche, M. Béal, instituteur.
—   de Mingoval, M. Durieux, instituteur.
—   de Clerques, M. Brunot, instituteur.
—   de Dannes, M. Tellier, instituteur.
—   d'Echingen, M. Herlin, instituteur.
—   d'Hauteville, M. Flahaut, instituteur.
—   de Malquay, M. Boniface, instituteur.
—   de Ruisseauville, M. Hédoux, instituteur.
—   de Saint-Amand, M. Coviaux, instituteur.

2e SÉRIE.

Ecoles comprenant deux cours (élémentaire & moyen).

Médaille d'or, offerte par la commune de Montreuil, et livres offerts par M. le Ministre de l'Instruction publique,
à l'école de Nuncq, M. Deltour, instituteur.

Médaille de vermeil, petit module, offerte par M. Bancourt, conseiller d'arrondissement, et livre offert par Mgr l'Évêque d'Arras,
à l'école de Maisnil, M. Bizard, instituteur.

Médaille d'argent, moyen module, offerte par M. Labbe, maire d'Hébuterne, et livre offert par Mgr l'Évêque d'Arras,
à l'école de Collines-Beaumont, M. Gosselin, instituteur.

Médailles de bronze, grand module, offertes par MM. Lereuil, Boucher-Cadart, Dumont, Fauconnier et Caudrelier, délégués cantonaux, et livres offerts par la commune d'Havrincourt,
aux écoles de BASSEUX, M. Lebrun, instituteur.
— de BEAUDRICOURT, M. Valentin, instituteur.
— d'ACHEVILLE, M. Pronier, instituteur.
— d'AYETTE, M. Sy, instituteur.
— de LIGNY-SAINT-FLOCHEL, M. Quilliot, instituteur.

Médailles de bronze, petit module, offertes par M. Labbe, maire d'Hébuterne, et livres offerts par M. Rubin, délégué cantonal à Bullecourt, M. Lamarre, délégué cantonal,
aux écoles d'ÉCOIVRES, M. Beuvry, instituteur.
— de GUISNY, M. Puchois, instituteur.
— de SAINS-LE-BOIS, M. Duquesnoy, instituteur.

Mentions honorables et livres offerts par M. Hay, délégué cantonal à Vimy, et les communes d'Auchy-lez-La-Bassée, d'Hersin-Coupigny et d'Aire-sur-la-Lys,
aux écoles de CONTEVILLE, M. Planchon, instituteur.
— de CORMONT, M. Fasquelle, instituteur.
— d'ELINGHEM (FERQUES), M. Déjardin, instituteur.
— de GOSNAY, M. Grenier, instituteur.
— d'HUCLIER, M. Carpentier, instituteur.
— de MAIZIÈRES, M. Robail, instituteur.
— de LA CALIQUE (VIEIL-MOUTIER), M. Lainé, institut^r.
— de DENNEBROEUCQ, M. Coinon, instituteur.
— d'ANGRES, M. Benoit, instituteur.
— de CANETTEMONT, M. Deruy, instituteur.
— de LÉPINOY, M. Ferrand, instituteur.
— d'OFFIN, M. Ferté, instituteur.
— de RECQUES, M. Joly, instituteur.
— de TUBERSENT, M. Dorémus, instituteur.
— de WAVRANS, M. Trogneux, instituteur.

École enfantine.

Médaille de bronze, petit module, offerte par M. Leroy, délégué cantonal, et livres offerts par M. Lemoine, délégué cantonal à Vitry,
à l'école de BOULOGNE, Mlle Gross, institutrice.

PARTIE OBLIGATOIRE, TRAVAUX A L'AIGUILLE

Écoles spéciales de filles.

Médaille d'or, offerte par les Dames des 2e et 3e Jurys, et livres
offerts par M. Lefebvre, délégué cantonal,
à l'école d'Helfaut, Mlle Obin, institutrice.

Médaille d'or, offerte par les Dames des 2e et 3e Jurys et le Département, et livres offerts par M. Béhal, délégué cantal à Aire,
à l'école de Blendecques, Mme Lesy, institutrice.

Médaille de vermeil, grand module, offerte par M. Ansart, député, et livres offerts par M. George, délégué cantonal,
à l'école de Longuenesse, Mme Thévenart, institutrice.

Médaille de vermeil, grand module, offerte par M. Florent-Le-
febvre, député, et livres offerts par M. Mahieu, président
de la Délégation cantonale de Béthune,
à l'école d'Houdain, Mme Thory, institutrice.

Médailles d'argent, grand module, offertes par M. Seillier, délégué cantonal à Hesdin, et M. Faucquette, délégué cantonal à Aire-sur-la-Lys, et livres offerts par M. Fleury, délégué cantal à Saint-Omer; M. Longain, Alexandre, de Saint-
Omer; M. Martel-Houzet, maire de Tatinghem; M. Vincent, maire de Desvres; M. Jonnart, conseiller général,
aux écoles de Saint-Omer, Mme Roland, institutrice.
— de Calais, Mme Chevalier, institutrice.
— de Samer, Mme Lefebvre, institutrice.
— de Saint-Martin-au-Laert, Mme Boissel, institutce.
— d'Aire-sur-la-Lys, Mme Vincent, institutrice.

Médailles d'argent, petit module, offertes par MM. Stiévenart,
délégué cantonal à Lens; Poumairac, délégué cantonal à
Ferfay; Hermant-Bouquillion, délégué cantonal à Saint-
Omer; Bavière, conseiller d'arrondissement; Taillandier,
conseiller général, et livres offerts par M. Fougerat, délégué cantonal à Bruay; M. Léger, délégué cantonal à Le
Sars; M. Breton, délégué cantonal à Courrières; M. Delattre, de Bully-Grenay; M. Bret, délégué cantonal à
Saint-Omer; M. le baron Dard, maire d'Aire-sur-la-Lys,
aux écoles de Saint-Omer, Mlle Lallemant, institutrice.
— d'Herbinghem, Mlle Thomas, institutrice.
— de Moulle, Mme Demailly, institutrice.
— de Ramecourt, Mme Goret, institutrice.
— de Béthune, Mme Beaussart, institutrice.

aux écoles de Saint-Omer, Mme Vaillant, institutrice.
— de Lillers, Mme Fossier, institutrice.
— de Calonne-sur-la-Lys, Mme Macaux, institutrice.

Médailles de bronze, grand module, offertes par M. Porion, maire de Wardrecques, et M. Lambert-Évrard, conseiller d'arrondissement, et livres offerts par M. Bracquart, délégué cantonal à Créquy ; M. Treunet, délégué cantonal à Buire-le-Sec ; M. Debay, délégué cantonal à Robecq ; M. Guillemant, délégué cantonal à Vitry, et la commune d'Auchel,

aux écoles d'Allouagne, Mme Georgeot, institutrice.
— des Attaques, Mme Bleb, institutrice.
— d'Audruick, Mme Bédu, institutrice.
— d'Auxi-le-Chateau, Mme Min, institutrice.
— de Boulogne, Mme Decroix, institutrice.
— d'Étaples, Mme Crampon, institutrice.
— de Houlle, Mme Dumesge, institutrice.
— de Laventie, Mme Chapelle, institutrice.
— de Lillers, Mlle Pépin, institutrice.
— de Marquise, Mme Breux, institutrice.
— de Montreuil, Mme Lequien, institutrice.
— de Sailly-sur-la-Lys, Mme Duchemin, institutrice.
— de Saint-Pierre-lez-Calais, Mlle Derollez, institut^ce.

Médailles de bronze, petit module, offertes par M. le marquis d'Havrincourt, conseiller général ; M. Brémart, conseiller général ; M. Théry, délégué cantonal ; M. Hache, délégué cantonal, et livres offerts par les communes d'Hénin-Liétard, de Rély et de Wizernes,

aux écoles d'Arras, Mlle Gallet, institutrice.
— de Bapaume, Mme Penant, institutrice.
— de Boulogne, Mlle Fourcaud, institutrice.
— de Feuchy, Mlle Hermant, institutrice.
— de Fillièvres, Mme Coquelle, institutrice.
— de Fleurbaix, Mme Barbier, institutrice.
— de Labuissière, Mme Lhomme, institutrice.
— de Liévin, Mme Ricq, institutrice.
— de Lumbres, Mme Luttun, institutrice.
— de Pernes-en-Artois, Mme Carpentier, institutrice.
— de Le Portel, Mme Beaumont, institutrice.
— de Saint-Pierre-lez-Calais, Mlle Delbé, institutrice.
— de Saint-Venant, Mme Grouard, institutrice.

Mentions très honorables et livres offerts par les communes de Saint-Pierre-lez-Calais et de Wizernes,

aux écoles de Saint-Quentin (Aire-s.-la-Lys), Mme Alais, instit^ce.
— d'Andres, Mme Hatté, institutrice.
— d'Arques, Mme Collonvillé, institutrice.

aux écoles d'ARRAS, Mlle Choquet, institutrice.
— d'ARRAS, Mme Châtelain, institutrice.
— d'AVESNES-LE-COMTE, Mme Dutoille, institutrice.
— de BARLY, Mme Friéderich, institutrice.
— de BEAUMETZ-LEZ-LOGES, Mme Santerre, institutrice.
— de BERCK, Mme Pol, institutrice.
— de BERTINCOURT, Mlle Chopin, institutrice.
— de BOULOGNE, Mlle Maenhaut, institutrice.
— de BREBIÈRES, Mlle Houriez, institutrice.
— de CRÉQUY, Mme Seydet, institutrice.
— de CROISILLES, Mlle Thomas, institutrice.
— d'EPERLECQUES, Mme Pauchet, institutrice.
— d'ESSART, Mme Hocque, institutrice.
— de LAIRES, Mlle Villain, institutrice.
— de LAMBRES, Mme Dannel, institutrice.
— de LENS, Mlle Féret, institutrice.
— de LENS, Mme Boyon, institutrice.
— de LESTREM, Mme Koetzeler, institutrice.
— de LESTREM, Mme Carpentier, institutrice.
— de LIÉVIN, Mme Leclercq, institutrice.
— de METZ-EN-COUTURE, Mlle Vaillant, institutrice.
— de MEURCHIN, Mme Wetto, institutrice.
— de NORRENT-FONTES, Mme Chasse, institutrice.
— d'OUTREAU, Mlle Monard, institutrice.
— de ROBECQ, Mme Lion, institutrice.
— de SAINTE-CATHERINE-LEZ-ARRAS, Mlle Durut, instit^{ce}.
— de SAINT-MARTIN-BOULOGNE, Mme Sayer, institutrice.
— de VALHUON, Mme Falentin, institutrice.
— de VENDIN-LE-VIEIL, Mlle Cousin, institutrice.
— de WAILLY-LEZ-ARRAS, Mme Lefebvre, institutrice.
— de WIMILLE, Mlle Delahodde, institutrice.
— de ZUTKERQUE, Mme Brancquart, institutrice.

Mentions honorables et gravures offertes par M. le Ministre de l'Instruction publique,
aux écoles de RINCQ (AIRE-S.-LA-LYS), Mme Seigneuret, instit^{ce}.
— d'AUBIGNY, Mme Bourotte, institutrice.
— d'AUBIN-SAINT-VAAST, Mlle Soyez, institutrice.

Mentions honorables,
aux écoles d'AUCHY-LEZ-HESDIN, Mme Binot, institutrice.
— de BEUSSENT, Mlle Cléton, institutrice.
— de BOULOGNE, Mlle Balleux, institutrice.
— de BOULOGNE, Mlle Guyot, institutrice.
— de EOURS, Mlle Jayet, institutrice.
— de BULLY-GRENAY, Mlle Delval, institutrice.
— de CARVIN, Mlle Lemaire, institutrice.
— de CLÉTY, Mlle Letierce, institutrice.

aux écoles de COURRIÈRES, Mᵐᵉ Flahaut, institutrice.
— de CRÉMAREST, Mˡˡᵉ Tronquet, institutrice.
— de DESVRES, Mˡˡᵉ Decroix, institutrice.
— de DOUVRIN, Mˡˡᵉ Villebien, institutrice.
— d'EMBRY, Mᵐᵉ Watteau, institutrice.
— de FESTUBERT, Mˡˡᵉ Besson, institutrice.
— de FRUGES, Mᵐᵉ Casiez, institutrice.
— d'HÉNIN-LIÉTARD, Mᵐᵉ Cunot, institutrice.
— d'HESDIN, Mˡˡᵉ Lemoine, institutrice.
— de LABEUVRIÈRE, Mᵐᵉ Guillin, institutrice.
— de LACOUTURE, Mᵐᵉ Dupuis, institutrice.
— de LONGIES, Mᵐᵉ Level, institutrice.
— de MAMETZ, Mˡˡᵉ Baroux, institutrice.
— de MENTQUE-NORTBÉCOURT, Mˡˡᵉ Dufresne, institutᶜᵉ.
— de LE PARCQ, Mˡˡᵉ Fallez, institutrice.
— de PIHEM, Mˡˡᵉ Chopin, institutrice.
— de ROQUETOIRE, Mᵐᵉ Neveu, institutrice.
— de REBREUVE, Mˡˡᵉ Canonne, institutrice.
— de SAINT-OMER, Mᵐᵉ Marcotte, institutrice.
— de SAINT-PIERRE-LEZ-CALAIS, Mᵐᵉ Liborel, institutᶜᵉ.
— de SAINT-POL, Mᵐᵉ Lesenne, institutrice.
— de SAILLY-AU-BOIS, Mˡˡᵉ Souillart, institutrice.
— de SAILLY-EN-OSTREVENT, Mᵐᵉ Caillez, institutrice.
— du TRANSLOY, Mˡˡᵉ Houriez, institutrice.
— de TINCQUES, Mᵐᵉ Gourlet, institutrice.
— de VIEIL-HESDIN, Mᵐᵉ Patoir, institutrice.

Écoles mixtes.

Médaille d'or, offerte par la commune de Saint-Pierre-lez-Calais, et livres offerts par la commune de Lumbres,
à l'école de SETQUES, M. Tiran, instituteur.

Médaille de vermeil, petit module, offerte par M. Deguisne, président de la Société de Géographie de Béthune, et livres offerts par la commune de Lumbres,
à l'école de CORMONT, M. Fasquelle, instituteur.

Médailles d'argent, petit module, offertes par M. Rolin, délégué cantᵃˡ à Aire, et livres offerts par la commune de Lumbres,
aux écoles de CAMPAGNE-LEZ-WARDRECQUES, M. Courbot, institʳ.
— de FRÉVIN-CAPELLE, M. Gilbert, instituteur.

Médailles de bronze, petit module, offertes par M. Jonnart, conseiller général, et M. le Sous-Préfet de Montreuil, et livres offerts par la commune de Croisilles,

aux écoles de DROUVIN, Mlle Chombart, institutrice.
— de LÉPINOY, M. Ferrand, instituteur.
— de NIELLES-LEZ-CALAIS, M. Sauvage, instituteur.
— de QUIESTÈDE, M. Dupuis, instituteur.

Mentions très honorables et livres offerts par les communes de Montreuil et de Guines,
aux écoles de BAYENGHEM-LEZ-EPERLECQUES, M. Massel, institut^r.
— de COLLINES-BEAUMONT, M. Gosselin, instituteur.
— de HANNESCAMPS, M. Gayet, instituteur.
— d'HESDIGNEUL, M. Bourgois, instituteur.
— de LAHERLIÈRE, M. Duformentelle, instituteur.
— de MANINGHEM, M. Quenchen, instituteur.
— de ZOTEUX, M. Damermant, instituteur.

Mentions honorables et livres offerts par les communes de Montreuil et de Guines,
aux écoles de PECQUEUR (AIRE-S.-LA-LYS), M. Duyme, institut^r.
— de BÉHAGNIES, M. Vauchez, instituteur.
— de BOISDINGHEM, M. Noël, instituteur.
— de MAISNIL (DOHEM), Mlle Franchomme, institutrice.
— de CRECQUES (MAMETZ), M. Delaby, instituteur.
— de SAINT-RÉMY-AU-BOIS, M. Louchet, instituteur.
— de PEUPLINGUES, M. Decouvelard, instituteur.
— d'HERBINGHEM, M. Chochoy, instituteur.
— d'AUDISQUES (SAINT-ETIENNE), M. Marcq, instituteur.
— de GENNES-IVERGNY, M. Lesecq, instituteur.
— de SAINT-MICHEL, M. Pannier, instituteur.
— de TARDINGHEM, M. Vincent, instituteur.
— de WIERRE-AU-BOIS, M. Rogez, instituteur.

PARTIE FACULTATIVE

DESSIN.

Médaille d'argent, grand module, offerte par M. Harlez, président de la Délégation cantonale de Berlincourt,
à l'école de SAINT-POL, M. Petitfils, instituteur.

Médaille d'argent, petit module, offerte par M. Bacuez, ancien instituteur à Hermies,
à l'école de BOIRY-SAINT-MARTIN, M. Vasseur, instituteur.

Médaille de bronze, grand module, offerte par M. Bacuez, ancien instituteur à Hermies,
à l'école libre de SAINT-POL, Mme Valentin, institutrice.

Médaille de bronze, petit module, offerte par M. Libande, délégué cantonal à Menneville,
à l'école de Saint-Pierre-lez-Calais, M. Heumez, instituteur.

Mentions très honorables,
aux écoles d'Outreau, M. Caron, instituteur.
— d'Oisy-le-Verger, M. Monvoisin, instituteur.

Mentions honorables,
aux écoles de Tatinghem, M. Prache, instituteur.
— de Bienvillers, M. Pouillaude, instituteur.

GÉOGRAPHIE.

Médailles de bronze, grand module, offertes par M. Foissey, délégué cantonal,
aux écoles de Wizernes, M. Cornuel, instituteur.
— d'Ervillers, M. Dhénin, instituteur.

Médaille de bronze, petit module, offerte par M. Descottes, délégué cantonal à Tangry,
à l'école de Saint-Martin-d'Hardinghem, M. Françoy, institut.

Mentions très honorables,
aux écoles de Desvres, M. Baude, instituteur.
— de Wissant, M. Fachon, instituteur.
— de Crecques (Mametz), M. Delaby, instituteur.
— de Nielles-lez-Bléquin, M. Hanne, instituteur.
— de Samer, M. Blart, instituteur.
— de Norrent-Fontes, M. Bleuzet, instituteur.

Mentions honorables,
aux écoles de Saint-Omer, Mlle Lallemant, institutrice.
— d'Hesdin, M. Bracquart, instituteur.
— de Bapaume, M. Carlin, instituteur.
— de Saint-Martin-au-Laert, M. Sailly, instituteur.
— de Renty, M. Pontier, instituteur.
— d'Auchy-lez-La-Bassée, M. Descamps, instituteur.

TRAVAUX MANUELS (garçons).

Diplôme d'honneur,
à l'école professionnelle de Boulogne, M. Huleux, instituteur.

Médaille de bronze, grand module, offerte par M. Pontfort, maire de Boiry-Sainte-Rictrude,
à l'école de Saint-Omer, M. Dumont, instituteur.

Médailles de bronze, petit module, offertes par M. Gérard, fils,
de Bapaume,
aux écoles de Saint-Omer, M. Ragache, instituteur.
— de Fauquembergues, M. Dorlet, instituteur.
Mention très honorable,
à l'école de Wanquetin, M. Chabé, instituteur.
Mentions honorables,
aux écoles d'Anques, M. Allont, instituteur.
— de Dennebrœucq, M. Coinon, instituteur.
— de Réty, M. Leroy, instituteur.
— d'Hermies, M. Delamotte, instituteur.

DESSIN ET GÉOGRAPHIE.

Médaille d'argent, petit module, offerte par M. Richard, délégué
cantonal au Transloy,
à l'école de Bois-Saint-Pierre (Auchel), M. Sénéchal, institut^r.
Médailles de bronze, grand module, offertes par la commune de
Desvres,
aux écoles d'Haisnes, M. Potel, instituteur.
— d'Havrincourt, M. Crépel, instituteur.
— d'Echingen, M. Herlin, instituteur.
— de Diéval, M. Bocquet, instituteur.
— de Campagne-lez-Hesdin, M. Tilliette, instituteur.

GÉOGRAPHIE ET TRAVAUX MANUELS.

Médaille d'argent, grand module, offerte par M. Ribot, député,
à l'école de Saint-Omer, M. Toussaint, instituteur.
Médaille de bronze, grand module, offerte par M. Richard, délégué cantonal au Transloy,
à l'école d'Aire-sur-la-Lys, M. Dannel, instituteur.

DESSIN, GÉOGRAPHIE ET TRAVAUX MANUELS.

Médaille d'argent, petit module, offerte par M. Deleplanque, trésorier-payeur général, et livres offerts par M. de Lannoy,
délégué cantonal à Arras,
à l'école de Saint-Pierre-lez-Calais, M. Chrétien, instituteur.

Médaille d'argent, petit module, offerte par M. Deleplanque, trésorier-payeur général,
à l'école de BLANGY-SUR-TERNOISE, M. Warembourg, institut'.

Médailles de bronze, grand module, offertes par M. Deleplanque, trésorier-payeur général,
aux écoles de BÉTHUNE, M. Stal, instituteur.
— de LUMBRES, M. Piquet, instituteur.

TRAVAUX MANUELS (filles).

ÉCOLES MATERNELLES.

Médaille d'argent, grand module, offerte par M. Deusy, vice-président du Conseil général, et livres offerts par la commune de Frévent,
aux écoles d'ARRAS, sœurs de Sainte-Agnès, directrices.

Médailles de bronze, grand module, offertes par la commune d'Arques ; par M. de Cormettes, conseiller général, et M. Platiau, conseiller d'arrondissement à Longuensssse ; livres offerts par la commune de Frévent et gravure offerte par M. Fresnaye-Laligant,
aux écoles de BOULOGNE, Mlle Saury, directrice.
— de BOULOGNE, Mme Charpentier, directrice.
— de SAINT-OMER, Mme Delbarre, directrice.
— de LAVENTIE, Mme Lévêque, directrice.
— d'AVION, Mlle Rousselot, directrice.

Médailles de bronze, petit module, offertes par M. Platiau, conseiller d'arrondissement à Longuenesse, et M. le Sous-Préfet de Montreuil ; gravure offerte par M. Fresnaye-Laligant, et livres offerts par la commune de Frévent,
aux écoles de SAINT-OMER, Mlle Bridey, directrice.
— de MONTREUIL, Mme Hennequin, directrice.
— de SAINT-OMER, Mme Bouquillion, directrice.
— de BLENDECQUES, Mme Poillon, directrice.

Mentions très honorables et gravures offertes par M. le Ministre de l'Instruction publique,
aux écoles de BOULOGNE, Mlle Georges, directrice.
— de BOULOGNE, Mlle Damboise, directrice.
— de SAINT-POL, Mme Nissen, directrice.

Mentions honorables et gravures offertes par M. le Ministre de l'Instruction publique,
aux écoles de FLEURBAIX, Mme Ségard, directrice.
— de RUMAUCOURT, Mme Pertuo, directrice.

aux écoles de Boulogne, Mᴵˡᵉ Marx, directrice.
—   de Desvres, Mᵐᵉ Delenclos, directrice.

ÉCOLES ENFANTINES.

Médaille de bronze, grand module, offerte par M. Hache, délégué cantonal à Vieil-Moutier,
à l'école de Boulogne, Mˡˡᵉ Gross, directrice.
Médaille de bronze, petit module, offerte par M. Olagnier, délégué cantonal à Boulogne,
à l'école de Boulogne, Mˡˡᵉ Pentel, directrice.

TRAVAUX DE MAITRESSES.

Mentions très honorables,
aux écoles de Saint-Omer, Mˡˡᵉ Lallemant, institutrice.
—   d'Helfaut, Mˡˡᵉ Obin, institutrice.
—   de Feuchy, Mˡˡᵉ Hermant, institutrice.
Mentions honorables,
aux écoles de Thérouanne, Mˡˡᵉ Théry, institutrice.
—   de Wailly-lez-Arras, Mˡˡᵉ Lefebvre, institutrice.

Écoles libres.

TRAVAUX A L'AIGUILLE.

Médailles d'argent, grand module, offertes par MM. Hamille et Levert, députés,
aux écoles de Bomy, Mᵐᵉ Gossart, institutrice.
—   de Liévin, Mᵐᵉ Hild, institutrice.
Médaille de bronze, grand module, offerte par la Délégation cantonale de Fruges,
à l'école d'Hautecloque, Mᵐᵉ Dubois, institutrice.
Médaille de bronze, petit module, offerte par la Délégation cantonale de Fruges,
à l'Orphelinat de Montreuil-sur-Mer.
Mention très honorable,
à l'école d'Equirre, Mᵐᵉ Waltz, institutrice.

DEVOIRS JOURNALIERS.

Médaille d'argent, petit module, offerte par la Délégation cantonale de Fruges,
à l'école de FRUGES, Mlle Podevin, institutrice.

Médaille de bronze, petit module, offerte par la Délégation cantonale de Fruges,
à l'école des Dames de Sion de SAINT-OMER, Mme André, institce.

Mention très honorable,
à l'école et au pensionnat Saint-Sépulcre, à SAINT-OMER, Mlle
Lartizien, institutrice.

Médaille de bronze, petit module, offerte par la Délégation cantonale de Fruges,
à l'école des Mines de LIÉVIN, M. Schmidt, instituteur.

Médaille de vermeil, grand module, offerte par M. Lefebvre du
Proy, député, pour l'ensemble de leur Exposition,
aux Frères de SAINT-OMER, école libre, M. Debrock, institr.

Travaux personnels des Maîtres.

HISTOIRE DE L'ENSEIGNEMENT PRIMAIRE.

Grand diplôme d'honneur, pour monographies des 82 communes
de la circonscription de SAINT-OMER,
Inspecteur primaire : M. Eliet.

Médaille de vermeil, petit module, offerte par M. Pilat, conseiller général à Brebières,
à M. Fasquelle, instituteur à CORMONT.

Médaille d'argent, grand module, offerte par la Délégation cantonale de Norrent-Fontes,
à M. Thuillier, instituteur-adjoint à VIMY.

Médaille d'argent, petit module, offerte par la commune de
Saint-Pierre-lez-Calais,
à M. Legrand, instituteur à VERTON.

Médailles de bronze, grand module, offertes par M. Fanien, Ovide, maire de Lillers, conseiller général,
à MM. Valentin, instituteur à BEAUDRICOURT.
— Debuire, instituteur à LEDIEZ.

Médailles de bronze, petit module, offertes par M. Fanien, Ovide,
maire de Lillers, conseiller général,
à M. Grimbert, instituteur à DIVION.

à MM. Durnich, instituteur à LONGIES.
— Baclez, instituteur à BOULOGNE.

Mentions honorables,
à MM. Pecquet, instituteur à VENDIN-LE-VIEIL.
— Deneaux, instituteur à HÉRICOURT.
— Lartizien, instituteur-adj¹ à SAINT-PIERRE-LEZ-CALAIS.
— Leroy, instituteur à RÉTY.
— Greuez, instituteur à RUMINGHEM.
— Potel, instituteur à HAISNES.
— Bigand, instituteur à LONGVILLERS.
— Warembourg, instituteur à BLANGY-SUR-TERNOISE.

Musées scolaires.

Diplôme d'honneur,
à M. Dumont, instituteur à SAINT-OMER.
Travail fait avec le concours des instituteurs des deux cantons de
Saint-Omer.

Diplôme d'honneur,
à M. Piquet, instituteur à LUMBRES.
Travail fait avec le concours des instituteurs du canton de Lumbres.

Médaille de bronze, grand module, offerte par M. Bancourt, ainé,
délégué cantonal,
à M. Crépel, instituteur à HAVRINCOURT.

Médailles de bronze, petit module, offertes par la commune de
Montreuil,
à MM. Potel, instituteur à HAISNES.
— Hauchard, instituteur à FLORINGHEM.

Mentions très honorables,
aux Instituteurs du canton d'ARDRES.
à M. Blart, instituteur à SAMER.

Mentions honorables,
à MM. Richard, instituteur à AUDRUICK.
— Flamen, instituteur à POLINCOVE.
— Heumez, instituteur à SAINT-PIERRE-LEZ-CALAIS.
— Prévost, instituteur à BRUAY.
— Herlin, instituteur à ECHINGEN.

COLLECTIONS D'OISEAUX.

Mention très honorable,
à M. Noël, instituteur à BOISDINGHEM.

4.

Mention honorable,
 à M. Lamory, instituteur à WILLENCOURT.

Tableaux & Cartes pour l'enseignement.

Médaille d'argent, grand module, offerte par le Département,
 à MM. Dumont et ses adjoints, instituteurs à SAINT-OMER.
  Tableaux pour l'enseignement des sciences physiques et naturelles
  à l'école primaire.

Diplôme d'honneur,
 à MM. Dumont et ses adjoints, instituteurs à SAINT-OMER.
  Cartes pour l'enseignement de la géographie, couronnées au Congrès de Douai en 1883.

Médaille de bronze, grand module, offerte par M. Piéron, conseiller d'arrondissement,
 à M. Dhénin, instituteur à ERVILLERS.

Médaille de bronze, grand module, offerte par M. Bocquillon, délégué cantonal à Roclincourt,
 à M. Damary, instituteur à SERQUES.

Mentions très honorables,
 à MM. Thuillier et ses adjoints, instituteurs à MONTREUIL.
 — Pontier, instituteur à RENTY.

Mentions honorables,
 à MM. Roussel et Wallet, instituteurs-adjoints à CARVIN.
 — Delamotte, instituteur à HERMIES.
 — Chrétion, instituteur à SAINT-PIERRE-LEZ-CALAIS.
 — Ragacho, instituteur à SAINT-OMER.
 — Meurice, instituteur à GUINES.
 — Candas, instituteur à PIHEM.
 — Pintiau, instituteur à HÉNIN-LIÉTARD.
 — Loez, instituteur à SAINT-MARTIN-BOULOGNE.
 — Monvoisin, instituteur à OISY-LE-VERGER.
 — Dumonchelle, instituteur à FERFAY.
 — Boutillier, instituteur à GOUY-SAINT-ANDRÉ.
 — Godart, instituteur à SAILLY-AU-BOIS.
 — Duponchel, instituteur à CARVIN.
 — Balavoine, instituteur à QUŒUX.
 — Pouillaude, instituteur à BIENVILLERS-AU-BOIS.
 — Collet, instituteur à BERLES-MONCHEL.
 — Sénéchal et ses adj^ts, instit^rs à BOIS-SAINT-PIERRE (AUCHEL)

Mention honorable,
 à M. Tilmant, directeur de l'École supérieure de LILLE, pour son plan du Canal du Nord.

Pédagogie.

Diplôme d'honneur, pour résumé des Conférences pratiques faites aux instituteurs de la circonscription de SAINT-POL.
Inspecteur primaire : M. Minet.

Médailles de bronze, grand module, offertes par M. Blanchet, délégué cantonal à Biache-Saint-Vaast ; M. Grard, délégué cantonal à Hucqueliers.
    à Mlle Lallemant, institutrice à SAINT-OMER.
    à MM. Deltour, instituteur à NUNCQ.
    — Valentin, instituteur à BEAUDRICOURT.

Médailles de bronze, petit module, offertes par le Département,
    à Mlle Bellétêre, institutrice-adjointe à SAINT-OMER.
    à M. Dezèque, instituteur à MOYENNEVILLE.

Rappel de médaille,
    à M. Thuillier, instituteur à MONTREUIL.

Mentions très honorables,
    à MM. Rebergue, instituteur à BOULOGNE.
    — Pecquet, instituteur à VENDIN-LE-VIEIL.
    — Blart, instituteur à SAMER.
    — Lartizien, instituteur-adjoint à SAINT-PIERRE-LEZ-CALAIS.

Mentions honorables,
    à MM. Fusillier, instituteur à AUXI-LE-CHATEAU.
    — Grébent, instituteur-adjoint à MONTREUIL.
    — Bleuzet, instituteur à NORRENT-FONTES
    — Pentel, instituteur à BLENDECQUES.
    — Stal, instituteur à BÉTHUNE.
    — Verdure et Joly, instituteurs-adjoints à SAINT-OMER.
    — Bouchendomme, instituteur à FRÉVENT.

Enseignement agricole.

COURS.

Diplôme d'honneur,
    à M. Grimbert, instituteur à DIVION.

Médailles de bronze, grand module, offertes par M. Drevelle, de Sailly-au-Bois,
    à MM. Valentin, instituteur à BEAUDRICOURT.
    — Morel, instituteur à GIVENCHY-LEZ-LA-BASSÉE.
    — Dhénin, instituteur à ENVILLERS.

Médailles de bronze, petit module, offertes par M. Drevelle, de
    Sailly-au-Bois,
  à MM. Laurent, instituteur à BRUAY.
    — Potel, instituteur à HAISNES.
    — Dubois, instituteur à UPEN (DELETTES).

Mentions honorables,
  à MM. Dupuich, instituteur à LORGIES.
    — Bleuzet, instituteur à NORRENT-FONTES.
    — Verdure et Joly, instituteurs-adjoints à SAINT-OMER.
    — Descamps, instituteur à AUCHY-LEZ-LA-BASSÉE.
    — Châtelet, instituteur à VALHUON.

Mentions très honorables, pour travaux déjà récompensés,
  à MM. Sailly, instituteur à SAINT-MARTIN-AU-LAERT.
    — Allouchery, instituteur à HERBELLES.
    — Louis, instituteur à HELFAUT.
    — Vanacker, instituteur à WISMES.

COLLECTIONS D'INSECTES.

Médailles de bronze, petit module, offertes par M. Fauvelle,
  conseiller d'arrondissement à Fruges,
  aux élèves Faucquette, frères, et Subayrolle de l'école laïque
    d'AIRE-SUR-LA-LYS.
Instituteur : M. Dannel.

APICULTURE : RUCHES.

Mention très honorable,
  à M. Massel, instituteur à BAYENGHEM-LEZ-ÉPERLECQUES.

APICULTURE ET HERBIER.

Médaille de bronze, grand module, offerte par la Délégation cantonale de Montreuil,
  à M. Monvoisin, instituteur à OISY-LE-VERGER.

HERBIERS.

Médailles de bronze, grand module, offertes par la Délégation
  cantonale de Montreuil,
  à MM. Toussaint et ses adjoints, instituteurs à SAINT-OMER.

à MM. Piquet, instituteur à Lumbres.
— Hautecœur, instituteur à Beaurainville.

Médailles de bronze, petit module, offertes par la Délégation
cantonale de Montreuil,
à MM. Caron, instituteur à Outreau.
— Lacroix, instituteur à Lillers.
— Hauchard, instituteur à Florinchem.

Mentions honorables,
à MM. Crépel, instituteur à Havrincourt.
— Heumez, instituteur à Saint-Pierre-lez-Calais.
— Bailly, instituteur à Camblain-l'Abbé.
— Noël, instituteur à Boisdinghem.

Institutions complémentaires de l'école.

BIBLIOTHÈQUES POPULAIRES.

Grand diplôme d'honneur,
Résultats obtenus pour la création de Bibliothèques populaires
dans la circonscription de Saint-Pol.
Inspecteur primaire : M. Minet.
Médaille de bronze, grand module, offerte par M. Lesage, conseiller d'arrondissement,
à M. Blart, instituteur à Samer.

CAISSES D'ÉPARGNE SCOLAIRES.

Médaille de vermeil, petit module, offerte par M. Legrelle, conseiller général,
à M. Dannel, instituteur à Aire-sur-la-Lys.

Médaille de bronze, petit module, offerte par M. Legrelle, conseiller général,
à M. Morieux, instituteur à Lapugnoy.

Mentions honorables,
à MM. Herlin, instituteur à Échingen,
— Cocquempot, instituteur à Saint-Pierre-lez-Calais.
— Blart, instituteur à Samer.

SOCIÉTÉS PROTECTRICES DES ANIMAUX.

Grand diplôme d'honneur,
à M. Pecquet, instituteur à Vendin-le-Vieil.

Médailles d'argent, petit module, offertes par la commune de Blendecques,
à MM. Pontier, instituteur à Renty.
— Greuez, instituteur à Ruminghem.

Médailles de bronze, petit module, offertes par la commune de Blendecques,
à MM. Boulanger, instituteur à Balinghem.
— Vanacker, instituteur à Wismes.

COURS D'ADULTES.

Médaille d'argent, petit module, offerte par la Délégation cantonale de Fruges,
à M. Caron, instituteur à Coyecques.

Médailles de bronze, petit module, offertes par la commune de Wavrans,
à MM. Fauquembergue, instituteur à Equihen.
— Vandalle, instituteur à Ostreville.

BIBLIOTHÈQUES. — CAISSES D'ÉPARGNE. — SOCIÉTÉS PROTECTRICES DES ANIMAUX. COURS D'ADULTES.

Médaille de vermeil, grand module, offerte par M. Duhamel, conseiller général,
à M. Sailly, instituteur à Saint-Martin-au-Laert.

Enseignement du Dessin : Organisation des cours, Reliefs, Plans de maisons d'écoles.

Grand diplôme d'honneur,
Pour plans de toutes les maisons d'écoles de la circonscriptions de Saint-Omer. — Travaux des Instituteurs et des Institutrices.
Inspecteur primaire : M. Eliot.

Médaille d'argent, grand module, offerte par M. Dhorne, conseiller d'arrondissement,
à M. Tiran, instituteur à SETQUES.

Médaille de bronze, grand module, offerte par M. Renaud, délégué cantonal,
à M. Louis, instituteur à HELFAUT.

Mentions très honorables,
à MM. Ragache, instituteur à SAINT-OMER.
— Drouvin, instituteur à ENGUINEGATTE.
— Pontier, instituteur à RENTY,
— Dorlet, instituteur à FAUQUEMBERGUES.
— Hanne, instituteur, et Pasquier, à NIELLES-LEZ-BLÉQUIN.
— Pannequin, instituteur à LIÉVIN.

Mentions honorables,
à MM. Coinon, instituteur à DENNEBRŒUCQ.
— Tauillier, instituteur à LIGNY-LEZ-AIRE.

Enseignement du Chant : Méthodes, Programmes, Recueils de chants scolaires, Orphéons. Gymnastique & Exercices militaires.

Grand diplôme d'honneur,
à M. Danhauser, inspecteur général de l'Enseignement du Chant dans les écoles municipales de PARIS.

Médaille de vermeil, grand module, offerte par M. Petit, conseiller d'arrondissement à Boulogne,
à M. Dauchez, instituteur à WINGLES.

Médaille de vermeil, petit module, offerte par M. Lebleu, délégué cantonal à Sailly-sur-la-Lys,
à M. Monvoisin, instituteur à OISY-LE-VERGER.

Mention honorable,
à M. Debuire, instituteur à LEBIEZ.

Plans d'écoles & Groupes scolaires.

Diplôme d'honneur,
à M. Agnès, architecte à Arras.

Médaille de bronze, grand module, offerte par M. le docteur
 Ovion, délégué cantonal à Boulogne,
  à M. Pennequin, architecte à LILLE.

Médaille de bronze, petit module, offerte par M. Lebleu, délégué
 cantonal à Sailly-sur-la-Lys,
  à M. Colbrant, architecte à SAINT-OMER.

Mention très honorable,
  à M. Vauchel, architecte à SAINT-PIERRE-LEZ-CALAIS.

Mobilier; Appareils de Chauffage & de Ventilation.

Diplôme d'honneur, pour l'ensemble de son exposition,
  à la maison du Vieux-Chêne, de PARIS.

Diplôme d'honneur,
  à MM. Genesto, Herscher et Cⁱᵉ, ingénieurs à PARIS.

Mention très honorable,
  à M. Delpierre, entrepreneur à SAINT-OMER.

Mentions honorables,
  à MM. Montigny, instituteur à CALAIS.
    — Pennequin, architecte à LILLE.

Matériel d'Enseignement : Méthodes de Lecture et d'Écriture, Tableaux noirs, etc.

Médailles de bronze, petit module, offertes par M. Laligant, délégué cantonal à Maresquel,
  à MM. Pannier, Hornoy et Wattiez, instituteurs à ÉTAPLES.
    — Drouvin, instituteur à ENGUINEGATTE.

Mentions honorables,
  à MM. Balavoine, instituteur à QUŒUX.
    — Boutillier, instituteur à GOUY-SAINT-ANDRÉ.
    — Colin, instituteur à LINZEUX.
    — Petitfils, instituteur à SAINT-POL.

Médaille de bronze, grand module, offerte par M. Duquénoy,
 délégué cantonal à Brunembert,
  à M. Lestuin, instituteur à LOURCHES (Nord).

Mention honorable,
à M. Piotte, instituteur à Sévigny-la-Foret (Ardennes).

Grands diplômes d'honneur,
à MM. Suzanne, éditeur à Paris.
— Deyrolle, éditeur à Paris.

Diplôme d'honneur.
à M. Mille, géographe à Douai.

Médailles de bronze, grand module, offertes par M. Florent,
Gaston, délégué cantonal à Monchy-le-Preux,
à MM. Ehrard, graveur à Paris.
— Peretti (maison Chaix), à Paris.

Mentions très honorables,
à MM. Chaix, éditeur à Paris.
— Fréville, opticien à Saint-Omer.
— Vaquez, adjoint au maire du XVIe arrondt, à Paris.
— Duru, à Bordeaux.

Mentions honorables,
à MM. Fauvé et Nathan, éditeurs à Paris.
— Glucq, frères, éditeurs à Paris.
— Godchaux, éditeur à Paris.
— Vuillemin, géographe à Paris.
à l'Institut des Frères à Paris.

Modèles de dessin ; Plâtres.

Grand diplôme d'honneur,
à MM. Ducher et Cie, éditeurs à Paris.

Médailles de bronze, grand module, offertes par la ville d'Aire-
sur-la-Lys,
à MM. Stal, instituteur à Béthune.
— Ragache, instituteur à Saint-Omer.

Médaille de bronze, petit module, offerte par la commune de
Wavrans,
à M. Cufay-Gilain, libraire à Abbeville.

Mention très honorable,
à M. Prunaire, artiste graveur à Paris.

— 58 —

Appareils de Gymnastique & Fusils scolaires.

Médaille de bronze, grand module, offerte par M. Debomy, délégué cantonal à Roclincourt.
à MM. Spriet, frères, à Lens.
Mention très honorable,
à MM. Lemaire, fils, et Dumont, gendre, à Paris.

Librairie : Livres classiques, Cahiers & tous objets se rapportant à l'Enseignement primaire.

Grand diplôme d'honneur,
pour l'ensemble de leur exposition,
à MM. Hachette et Cie, éditeurs à Paris.
Grand diplôme d'honneur,
pour l'ensemble de son exposition,
à M. Delagrave, éditeur à Paris.
Grand diplôme d'honneur,
pour l'ensemble de son exposition,
à M. Belin, éditeur à Paris.
Diplôme d'honneur,
à MM. Delalain, éditeurs à Paris.
Diplôme d'honneur,
à M. Paul Dupont, éditeur à Paris.
Diplôme d'honneur,
à MM. Picard-Bernheim et Cie, éditeurs à Paris.
Diplôme d'honneur,
à MM. Eugène Weil et G. Maurice, éditeurs à Paris.
Mentions très honorables,
à MM. Charavay, frères, éditeurs à Paris.
— Delaplane, éditeur à Paris.
— Dreyfous, éditeur à Paris.
— Meifredy, éditeur à Paris.
à la Librairie centrale des publications populaires à Paris.
Mentions honorables,
à MM. Léautey, comptable à Paris.
— Decroix, libraire à Boulogne.

Grand diplôme d'honneur,
    pour l'ensemble de son exposition,
  à M. Tilmant, direct' de l'École primaire supérieure de LILLE.

Certifié conforme aux décisions du Jury.

Saint-Omer, juillet 1881.

L'Inspecteur primaire, Secrétaire général,

A. ELIET,

Rapport général sur l'Exposition scolaire.

CONSIDÉRATIONS PRÉLIMINAIRES.

Le Concours agricole auquel prennent part les départements de la région du Nord a été fixé à Saint-Omer pour l'année 1884.

A l'occasion de ces fêtes de l'agriculture, l'Administration a décidé (16 janvier 1884) qu'une Exposition scolaire aurait lieu dans la dite ville. Une Commission d'organisation a été nommée par l'arrêté susvisé ; elle s'est mise aussitôt à l'œuvre. Elle a recherché les voies et moyens de donner le plus d'éclat possible à cette Exposition et a préparé un règlement qui a été approuvé le 27 janvier par M. le Préfet du Pas-de-Calais.

L'Exposition devait, pour la partie scolaire proprement dite, être exclusivement départementale. Tous les architectes, constructeurs, fabricants et libraires de France étaient invités à exposer leurs produits dans la section spéciale au matériel d'enseignement.

La *partie scolaire* comprenait deux divisions importantes, l'une *obligatoire*, l'autre *facultative*. La première renfermait environ 12.000 cahiers contenant les devoirs journaliers des élèves depuis le mois d'octobre 1883, ou tout au moins à dater de la rentrée de ces élèves à l'école. Chaque école publique avait fourni deux cahiers par section de dix élèves et un par dizaine ou fraction de dizaine en plus pour chacun des cours. Ces cahiers n'avaient pu être préparés, ils devaient représenter la vérité de l'école. Maîtres et maîtresses furent prévenus le 2 février ; il fallait que l'expédition fût faite pour le 5. Il n'avait été laissé que le temps matériel nécessaire pour donner une disposition à peu près uniforme aux envois.

Les écoles de filles avaient fourni en outre, dans la même proportion que pour les cahiers-journaux, des travaux à l'aiguille et de préférence des travaux d'utilité quotidienne.

La partie *facultative* se composait de travaux d'élèves et de maîtres. Les élèves étaient autorisés à exposer des dessins, des cartes géographiques, des compositions hebdomadaires, des travaux manuels, etc. La section spéciale aux maîtres était divisée en sept groupes :

1° Histoire de l'Enseignement primaire dans la commune, le canton ou le département ;

2° Tableaux et cartes pour l'enseignement des différentes matières, musées scolaires, collections diverses ;

3° Plans d'études, emplois du temps, programmes, projets d'organisation pédagogique, certificats d'études primaires (statistique), travaux pédagogiques divers (manuscrits ou imprimés), bibliothèques pédagogiques ;

4° Enseignement agricole : cours, collections d'insectes et de graines, herbiers ;

5° Cours d'adultes, bibliothèques scolaires, caisses d'épargne scolaires, sociétés protectrices des animaux ;

6° Enseignement du dessin, organisation des cours, reliefs, plans de maisons d'écoles ;

7° Enseignement du chant, méthode, programmes, recueils de chants scolaires, orphéons, gymnastique et exercices militaires.

Les écoles libres étaient aussi admises à exposer les travaux de leurs élèves dans les mêmes conditions que les écoles publiques.

Le nombre des exposants fut relativement considérable. La vaste chapelle du Lycée mise gracieusement à la disposition du Comité d'organisation par l'Autorité ecclésiastique était à peine suffisante pour contenir les travaux de toute espèce envoyés non seulement de tous les points du département, mais encore de diverses parties de la France.

L'ensemble de l'Exposition était du plus bel aspect. Dans la grande nef, sur des tables à gradins et casiers, les travaux de la partie obligatoire, ceux de la partie facultative étaient disposés avec goût. La division par circonscriptions d'inspection, le placement par cantons et dans l'ordre alphabétique des communes, la distinction entre Écoles spéciales aux garçons, Écoles spéciales aux filles et Écoles mixtes, permettaient de faciles recherches. Les nefs latérales étaient occupées : celle de droite, par les travaux manuels des filles classés pour la plupart, dans d'élégants albums ; celle de gauche, par les travaux manuels des garçons, les musées scolaires, les collections de diverses natures.

Les éditeurs avaient une installation qui faisait parfaitement ressortir leurs excellentes et nombreuses publications.

Tous les murs étaient couverts de cartes, tableaux, dessins, etc., etc.

Quant à la section du matériel proprement dit, il avait fallu l'installer, faute d'espace, dans une salle annexe située dans une des cours du Lycée.

L'Exposition fut ouverte du 7 au 24 juin. M. le Ministre du

Commerce, M. le Sous-Secrétaire d'État au Ministère de l'Instruction publique, accompagnés de M. le Recteur de l'Académie, des hauts fonctionnaires et des représentants élus du département, voulurent bien, le 15 juin, l'honorer de leur présence, témoignant ainsi de leur constante sollicitude pour les maîtres de nos écoles. Ils durent emporter de leur visite un bon souvenir, car ils adressèrent aux organisateurs leurs sincères félicitations. C'était pour ces derniers la meilleure récompense de leurs efforts.

L'affluence des visiteurs fut considérable. Les uns, et c'était le grand nombre, désiraient faire des études comparatives, tous voulaient constater les sérieux progrès accomplis depuis quelques années dans le Département, grâce à l'impulsion imprimée aux études par des chefs intelligents et actifs.

Les dix-sept jurys qui devaient examiner les travaux et objets figurant à l'Exposition scolaire furent constitués à la date du 5 avril. Leur tâche, particulièrement pour les premier et deuxième jurys chargés de la partie obligatoire, fut assez lourde. Mais les personnes qui les composaient étaient animées d'un excellent esprit. Elles n'avaient qu'un désir : répondre à la confiance qui leur était témoignée. Elles ont réussi. Leurs décisions sont marquées au coin de l'impartialité la plus rigoureuse ; aucun exposant sérieux n'a récriminé.

La distribution des récompenses a eu lieu le 10 juin, sous la présidence de M. le Ministre du Commerce. Grâce aux libéralités du Conseil général, d'un certain nombre de communes et de personnes dévouées à la cause de l'enseignement, le nombre des récompenses a pu être considérable et proportionné à l'importance des travaux.

Entrons maintenant à la suite des divers jurys dans l'Exposition scolaire.

I

Écoles publiques. Pa..ie obligatoire (sauf travaux à l'aiguille).

Pour l'examen des 12,000 cahiers envoyés par toutes les écoles publiques, huit sous-commissions de cinq membres, chargées chacune d'une circonscription d'inspection primaire, avaient été formées. Leur œuvre commencée le 23 mai était terminée le 28.

Afin que ce premier travail ne pût être entaché d'inexactitude, pour faire cesser aussi les différences inévitables d'appréciation, une Commission dite de révision a eu pour mission d'examiner à nouveau tout cahier ayant obtenu la note moyenne.

Les cahiers qui paraissaient être simplement la copie du journal de classe et ceux qui ne contenaient que des devoirs de date trop récente furent tout d'abord éliminés.

Les considérations suivantes servirent de guide pour le classement définitif :

1° Tenue matérielle du cahier ;

2° Méthode suivie par le maître ;

3° Part du maître et de l'élève dans le travail.

Si, au point de vue de la forme, nombre de cahiers étaient réellement remarquables, beaucoup, surtout ceux des écoles de garçons, laissaient singulièrement à désirer pour l'ordre et la propreté. Ces qualités importantes ne sauraient pourtant être contractées de trop bonne heure. Sans elles, aucun travail, quelque consciencieux qu'il soit, ne peut être fécond. Il est donc essentiel d'habituer les élèves, dès le jeune âge, à tenir avec soin l'unique cahier sur lequel sont écrits au fur et à mesure, dans leur ordre de succession et avec leur date, les devoirs quotidiens. L'on arrivera ainsi à faire disparaître de toutes les écoles le « cahier au net » encore trop souvent en usage. Un temps précieux sera plus utilement employé, l'instruction et l'éducation y trouveront leur avantage. « Time is money », le temps, c'est de l'argent, disent les Anglais. Ils ne se trompent pas.

Des réserves ne sont pas moins nécessaires en ce qui concerne la méthode généralement suivie. Les devoirs sont trop longs, peu proportionnés à la force des élèves et souvent mal gradués. L'on rencontre dans les cahiers mal tenus dont nous parlons, d'inintelligents travaux de copie, des exercices de français et des devoirs de lexicologie interminables, des conjugaisons, des analyses faites sans goût. L'on croirait vraiment que le seul but du maître est d'occuper l'élève ; éveiller son intelligence, former son jugement, élever son cœur sont des questions d'un intérêt secondaire.

Une bonne distribution du temps fait aussi trop souvent défaut. Dans tel cahier, on ne voit que des dictées, des exercices de grammaire, des rédactions ; ailleurs, d'autres exercices prédominent et occupent une place hors de proportion avec celle qui doit leur être légitimement assignée.

L'histoire, la géographie, le dessin sont généralement étudiés trop superficiellement. Pour l'histoire, on ne suit pas toujours l'ordre chronologique. En bonne logique cependant, il ne devrait point en être ainsi. Comment, en effet, comprendre les événements lorsqu'on ne les voit pas dans leur ordre successif ?

Quant à l'instruction morale et civique, quant aux sciences physiques et naturelles et aux leçons de choses, on n'en trouve trace que dans un petit nombre d'écoles. Mais la lacune certainement la plus regrettable est le manque presque absolu d'enseignement agricole. On a peine à s'expliquer cette indifférence,

Les instituteurs qui vivent au milieu des populations rurales savent combien l'agriculture souffre et réclame de réformes. Aux procédés empiriques et surannés doivent succéder les méthodes raisonnées. C'est à l'Ecole qu'il appartient de faire connaître et de vulgariser ces dernières.

En résumé, rarement l'on rencontre dans une même œuvre les diverses matières du programme successivement et méthodiquement exposées. Pourquoi? Nous laissons aux maitres le soin de la réponse. Cette façon d'agir ne peut être louée. L'on oublie, en effet, que toutes les branches de l'enseignement ont leur utilité reconnue et que pour obtenir quelque chose de l'enfant, il faut qu'il y ait une variété apparente dans la suite réellement ininterrompue et homogène de son travail. La faculté d'attention se fatigue vite, le besoin de mouvement se fait sentir d'autant plus impérieux que la séance se prolonge. Graduons donc les exercices, faisons-les alterner dans un ordre convenable ; nous arriverons de cette manière à apporter, non seulement de la distraction à l'esprit, mais du repos au cerveau. Notre enseignement sera compris, les résultats nous payeront de nos peines. Qu'il n'y ait plus de classes, comme il en existe malheureusement encore, où les élèves n'ont d'autre souci : « attendre qu'on sorte ! »

Lorsque la Commission a envisagé le travail du maitre, elle a été particulièrement frappée de l'insuffisance des corrections. Beaucoup se bornent à un simple visa, sans s'inquiéter aucunement du travail de l'élève. Nous avons lu la note « bien » à côté de devoirs renfermant des erreurs impardonnables. La note ne s'adressait-elle qu'à l'écriture ? D'autres instituteurs se contentent de souligner la faute. C'est déjà un progrès...

Est-ce ainsi qu'il faut entendre le travail du maitre ? Nous n'hésitons pas à répondre : Non, mille fois non. Il faut qu'au mot inexact, à la phrase incorrecte, l'on substitue le mot propre, la phrase correcte. L'élève peut alors comparer ce qu'il a fait et ce qu'il devait faire, et cette comparaison amène certainement les meilleurs résultats.

Le défaut signalé se manifeste surtout dans les rédactions. Trop souvent l'on se contente de corriger les fautes de mots, alors que l'on doit reconstituer les propositions et indiquer, tout au moins dans ses grandes lignes, le véritable développement à donner au devoir.

Nous serons complet lorsque nous aurons ajouté que, dans la plupart des cahiers, l'on reconnait trop l'influence du livre. Le travail de l'élève ne montre pas assez qu'il y a une méthode suivie, des explications données, des idées personnelles mises au jour. Le maitre n'est point, en un mot, ce « livre vivant » où chacun devrait savoir lire. Peut-il être meilleur guide, en effet,

que la parole d'un maître qui, comprenant tous ses devoirs, fait
de constants efforts pour rester à la hauteur de sa difficile mission. « Mieux vaut une tête bien faite qu'une tête bien pleine » a
dit Montaigne.

Nous avons fait, c'était notre devoir, une large part aux criti-
ques. Disons maintenant, et ce sera justice, que maîtres et élèves ont fourni une immense somme de travail. Si partout il n'y
a pas eu de résultats, nous devons affirmer du moins que partout ou presque partout nous avons trouvé le goût de l'étude, la
ferme volonté de progresser, des efforts sérieux et continus.
L'on paraît comprendre que, selon les remarquables paroles de
Mme Pape-Carpantier, « bien élever des enfants ne doit être
pour un instituteur que la seconde partie de son entreprise :
la première, la plus difficile, c'est de se perfectionner lui-mê-
me. » Cela nous fait concevoir les meilleures espérances pour
l'avenir.

L'éducation des filles a fait depuis quelques années, elle fait
chaque jour encore d'importants progrès. Partout l'on proteste,
avec raison, contre le préjugé que formule si naïvement le bon-
homme Chrysale mis en scène par Molière dans les « Femmes
savantes » :

« .... Une femme en sait toujours assez
« Quand la capacité de son esprit se hausse
« A connaître un pourpoint d'avec un haut-de-chausse. »

Fénelon a dit fort justement : « L'ignorance d'une fille est
cause qu'elle s'ennuie et ne sait à quoi s'occuper innocemment. »
Ajoutons que la femme bien élevée peut exercer la plus grande
influence au foyer domestique dont elle assainit, pour ainsi dire,
l'atmosphère. Elle retient le père au logis et prépare l'homme
dans l'enfant.

Il est donc de toute nécessité d'instruire nos filles. Nos institutrices le savent, et c'est avec le plus vif plaisir que dans grand
nombre de cahiers nous avons trouvé d'excellents devoirs sur
l'économie domestique. Comme le disait éloquemment un des
membres les plus distingués du jury, « certains de ces devoirs
auraient fait la joie de M. About, le défenseur spirituel et convaincu des leçons de cuisine données aux jeunes filles. » Les
maîtresses comprennent l'importance du rôle de la femme dans
la société, elles savent que sa principale mission est d'élever des
enfants, de conduire une maison, « que ces devoirs, comme l'a
« écrit Fénelon, sont les fondements de toute la vie humaine.
« Ce sont les femmes qui ruinent ou qui soutiennent les mai-
« sons, qui règlent tout le détail des choses domestiques et qui,

« par conséquent, décident de ce qui touche de plus près à tout
« le genre humain. Par là, elles ont la principale part aux bon-
« nes ou aux mauvaises mœurs de presque tout le monde. Les
« hommes mêmes, qui ont toute l'autorité en public, ne peu-
« vent, par leurs délibérations, établir aucun bien effectif, si les
« femmes ne leur aident à l'exécuter. Le monde n'est point un
« fantôme ; c'est l'assemblage de toutes les familles et qui est-
« ce qui peut les policer avec un soin plus exact que les femmes
« qui, outre leur autorité naturelle et leur assiduité dans leur
« maison, ont encore l'avantage d'être nées soigneuses, attenti-
« ves au détail, industrieuses, insinuantes et persuasives ? Mais
« les hommes peuvent-ils espérer quelque douceur dans la vie,
« si leur plus étroite société qui est celle du mariage, se tourne
« en amertume ? Mais les enfants qui feront dans la suite tout
« le genre humain, que deviendront-ils, si les mères les gâtent
« dès leurs premières années ? Voilà donc les occupations des
« femmes qui ne sont guère moins importantes au public que
« celles des hommes, puisqu'elles ont une maison à régler, un
« mari à rendre heureux, des enfants à élever. Il est constant
« que la mauvaise éducation des femmes fait plus de mal que
« celle des hommes, puisque les désordres des hommes vien-
« nent souvent de la mauvaise éducation qu'ils ont reçue de
« leurs mères. »

Nous devons une mention toute particulière aux écoles suivantes qui ont mérité les premières récompenses :

Écoles spéciales aux garçons : Lumbres (M. Piquet), Saint-
Omer (M. Dumont), Aire-sur-la-Lys (M. Dannel), Béthune
(M. Stal), Lens (M. Coquelin), Blendecques (M. Pentel) ;

Écoles spéciales aux filles : Croisilles (Mlle Thomas), Boulogne (Mlle Fourcaud), Saint-Omer (Mlle Lallemant), Boulogne
(Mme Decroix), Lens (Mlle Féret) ;

Écoles mixtes : Nuncq (M. Deltour), le Maisnil (M. Bizard),
Teneur (M. Fontaine), Collines-Beaumont (M. Gosselin), etc.

La disposition générale est bonne. Au début du travail de
chaque jour, l'Instituteur a fait placer l'indication des devoirs et
des leçons. L'emploi du temps, les programmes sont fidèlement
suivis, les corrections sont sérieuses. Quelques maîtres (MM. Piquet, Dannel et Dumont) font dessiner à la plume, dans la marge,
les objets n'existant pas au musée scolaire qui ont fait le sujet
des leçons. L'idée est des plus heureuses. D'autres enfin, comme
M. Dannel, font écrire, au commencement du mois, pour chacune des matières d'enseignement, le programme qui servira de
guide.

Toutes nos félicitations à ces Instituteurs qui comprennent si
bien leur devoir. Nous exprimons le vœu qu'ils aient de nombreux imitateurs. Nous sommes certain d'être entendu.

II

Mme de Maintenon voyait dans le travail manuel une ressource morale, une garantie contre le péché. « Le travail calme les passions, écrivait-elle, occupe l'esprit et ne lui laisse pas le temps de penser au mal. » — « Les femmes font et défont les maisons » disait-elle encore après Fénelon. Comme ces paroles sont vraies et comme elles montrent l'incontestable nécessité des travaux manuels à l'école de filles ! Savoir coudre, raccommoder sont des qualités indispensables à la femme. L'on ne commencera jamais trop tôt l'éducation de l'enfant sur ce point. Les maîtresses du Pas-de-Calais l'ont compris. Les nombreux et élégants albums exposés ont prouvé que partout de sérieux efforts sont faits pour donner aux jeunes filles l'habitude de l'ordre et leur enseigner l'économie qui doit procurer l'aisance à la famille.

Les travaux exécutés sont généralement d'une utilité journalière. Les raccommodages, les reprises, le remmaillage sont bien faits.

Dans le cours supérieur de l'école, les élèves sont exercées à des travaux d'une moins grande utilité dans la pratique, mais qui ont aussi l'avantage de développer chez la jeune fille, avec l'habileté de la main, le sentiment du goût. Cette dernière qualité permettra à la maîtresse de maison de donner à ce qui l'entoure ce cachet tout spécial qui, respirant un air de fête, contribue à l'adoucissement des mœurs.

Que les élèves mettent donc à profit les excellents conseils, les directions intelligentes qu'elles reçoivent. Elles deviendront ce que nous désirons tant qu'elles soient : de bonnes femmes de ménage, des mères de famille connaissant tous leurs devoirs.

Dans les écoles mixtes où une maîtresse ne vient qu'à de rares intervalles donner ses leçons, les travaux accusent la meilleure volonté. Quelques albums soutenaient facilement la comparaison avec ceux des écoles spéciales. Il en est un, celui de Setques (commune de 306 habitants), qui a été remarqué entre tous, et le jury n'a pas hésité à le classer au premier rang.

Bien que l'ensemble ait donné toute satisfaction, le jury a cru devoir faire quelques observations que nous allons, en les résumant, placer sous les yeux des institutrices.

1° Les ouvrages au crochet dominaient trop, et on l'a regretté, dans certains albums. Les travaux d'agrément ne doivent, en effet, venir qu'en seconde ligne ;

2° L'ordre manquait un peu partout ; le classement n'était pas fait par cours ; souvent l'on avait négligé d'indiquer l'âge des élèves. De là, plus grande difficulté pour l'appréciation.

3° Tout en espérant que les albums ne renfermaient que des travaux d'élèves, le fini de certains ouvrages a fait qu'on s'est parfois demandé si la maîtresse s'était réellement contentée de donner à ses enfants une simple direction.

Quoi qu'il en soit, nous ne pouvons guère adresser que des éloges à toutes, maîtresses et élèves. Les résultats obtenus sont d'un heureux présage ; ils font honneur à notre beau Département.

Outre l'école mixte de Setques dont nous avons parlé déjà, il convient de citer comme ayant donné les meilleurs résultats, les écoles d'Helfaut (Mlle Obin), de Blendecques (Mme Louy), de Longuenesse (Mme Thévenart), d'Houdain (Mme Thory), de Cormont (M. Fasquelle).

III

Écoles publiques. Partie facultative.

La partie facultative de l'Exposition (écoles publiques) comprenait des travaux variés à l'infini : rédactions d'histoire générale et surtout d'histoire de France, rédactions et cartes de géographie universelle ou locale, dessins de toute nature, devoirs littéraires et scientifiques, problèmes, travaux manuels, notions d'agriculture, cahiers de correspondance scolaire, cahiers d'écriture, rédactions de morale, etc. Cette énumération suffit à faire l'éloge de Messieurs les Instituteurs dont l'initiative, à des degrés divers et avec des résultats inégaux, a été des plus heureuses.

Les cartes géographiques sont assez nettes, en général, malgré une certaine profusion de couleurs. Si quelquefois les indications sont insuffisantes, parfois aussi, mais plus rarement, on peut relever l'excès contraire. L'exécution est soignée ; elle a même, dans certains cahiers, révélé d'évidents indices de calque, ce qui en diminuait beaucoup le mérite. En somme, la forme matérielle semble trop préoccuper les élèves : le savoir ne vient qu'au second plan. Il importe de rappeler aux maîtres que le géographe est mieux qu'un bon dessinateur. Nous souhaitons aussi que l'on donne plus de place à la géographie historique. Disons cependant que l'étude de la géographie locale a donné lieu à des travaux pleins d'intérêt.

Le *tracé* des cartes murales laisse peu à désirer, bien que les reliefs soient souvent exagérés. Mais la sobriété des renseignements confine à la sécheresse. Ici encore, c'est le dessin qui paraît l'emporter.

Cette dernière étude a, d'ailleurs, pris dans notre région un grand développement. Le dessin graphique, le dessin à main levée, ceux d'ornement et d'architecture ont fourni des épreuves d'une méthode et d'une sûreté vraiment remarquables. Des copies de lithographie ont obtenu tous les suffrages. Les résultats sont moins heureux pour le dessin de tête et d'animaux.

Un grand nombre de travaux manuels, application heureuse du dessin et de la géométrie, provenant surtout, si nous en exceptons les Écoles professionnelles de Boulogne et de Saint-Pierre où tout est remarquable, de l'arrondissement de Saint-Omer, ont attiré l'attention. Certains essais en ce genre peuvent servir de modèles. Sans doute, la forme est quelquefois grossière, mais on ne peut demander la perfection à des mains encore inexpérimentées. Nos félicitations les plus sincères aux maîtres qui tiennent toujours présente à l'esprit de leurs élèves l'idée d'une profession et leur fournissent l'occasion, en essayant leurs aptitudes de bonne heure, d'acquérir cette habileté de la main qui leur sera tant nécessaire lorsqu'ils seront ouvriers.

L'on a beaucoup médit des travaux manuels. A entendre leurs détracteurs, les heures qui leur sont consacrées à l'école sont totalement perdues. Nous ne pouvons partager cet avis. N'apprissent-ils les enfants qu'à observer, ce serait beaucoup déjà. Mais leurs avantages sont rendus plus sensibles encore quand l'on sait, comme nous le disions il n'y a qu'un instant, en faire une suite obligée de la géométrie et du dessin.

Les spécimens de correspondance scolaire n'ont laissé dans l'esprit de la Commission qu'une impression médiocre. Il y avait là de louables intentions, mais poussées à l'excès. L'idée est juste en soi; il est bon d'habituer l'élève à analyser et à décrire ses impressions. Encore faut-il le faire à propos. Or, dans les recueils exposés, il y avait trop de lettres insignifiantes où l'élève parle pour ne rien dire. Il vaudrait mieux, ce semble, limiter ces exercices à quelques sujets intéressants. Les résultats seraient meilleurs.

Les exercices de style, histoire, morale, lettres, récits familiers, sont généralement bien choisis. Mais nous voudrions qu'en étudiant notre histoire nationale, on rattachât davantage les événements à ceux de l'histoire moderne. Nous demandons aussi une correction plus sévère; nous l'avons dit déjà, une vraie correction doit, jusqu'à un certain point, refaire le travail défectueux et donner quelques indications sur la marche qu'il eût convenu de suivre.

En littérature, les développements sont quelque peu indigestes et les sujets trop élevés. Les idées sont bien jugées par le maître, mais la nécessité d'un plan est trop souvent perdue de vue.

Les travaux manuels envoyés par quelques institutrices, ceux des écoles maternelles tiennent un rang des plus honorables dans l'ensemble des matières facultatives. C'est trop peu que de vanter la finesse et l'habileté d'exécution dont ont fait preuve élèves et maîtresses. Il faut féliciter celles-ci d'avoir uni si bien l'utile à l'agréable sans sacrifier l'un à l'autre.

IV

Écoles libres.

Les établissements libres, nombreux dans le Pas-de-Calais, avaient été invités directement à prendre part à l'Exposition scolaire. Nous le constatons avec regret, l'on s'est peu empressé de répondre à l'appel de l'Administration. Nous n'avons pas à rechercher les causes de cette abstention, mais il nous est impossible de ne pas la signaler. En effet, vingt-deux écoles seulement — le Département en compte 310, — soit vingt et une écoles de filles et une seule de garçons, ont envoyé des travaux à Saint-Omer.

Le Jury a dû, après examen attentif, éliminer dix-huit écoles. Les travaux exposés manquaient, pour la plupart, aux conditions du programme. L'on demandait aux maîtres non des frais de mise en scène, mais l'expression sincère des travaux journaliers de l'école. De plus, certains cahiers ne renfermaient aucune indication touchant l'âge des élèves et les divers degrés de l'enseignement. La tâche du Jury était, par suite, rendue impossible.

Restaient donc quatre écoles, dont trois de filles et une de garçons, qui, toutes quatre, à des degrés divers, ont paru mériter l'attention.

En premier lieu se place l'école libre de Fruges dirigée par Mlle Podevin. Cette institutrice a évidemment conscience de son devoir ; elle s'efforce de stimuler l'esprit et de fortifier le sentiment de la dignité personnelle. Il est facile de la suivre dans son enseignement. Les notes abondantes, souvent remarquables, qui accompagnent dans chaque cahier les devoirs de l'élève, témoignent à la fois du soin et de l'intelligence de la directrice. En résumé, dans les trois cours de cette école, l'enseignement est complet. Peut-être cependant pourrait-on signaler un excès de calligraphie dans le cours élémentaire, et dans le cours moyen une cartographie un peu rudimentaire.

En second lieu vient l'école dirigée par les religieuses de Notre-Dame de Sion à Saint-Omer. Les devoirs sont variés, les leçons d'histoire sont données avec suite, la géographie est racontée sous forme de voyages et les cartes qui accompagnent les récits sont bien dessinées. L'économie domestique elle-même n'est point négligée. L'on doit regretter toutefois que le *manque absolu* de notes et de remarques ne permette pas de suivre aussi complétement que dans l'école précédente la méthode de direction.

La troisième écol ou pensionnat du Saint-Sépulcre, à Saint-Omer, dirigé par Mlle Lartizien, nous présente un ensemble d'enseignement complet. Une seule réserve est à faire : la part intellectuelle de l'élève a paru faible à la Commission. Cependant, on le sent, les maîtresses sont des plus zélées et les corrections de devoirs révèlent chez leurs auteurs une connaissance réelle des délicatesses de notre langue.

L'école de garçons de Liévin, dirigée par M. Schmidt, est fréquentée par des enfants de mineurs qu'il s'agit d'initier aux premiers éléments de l'instruction. A part l'absence regrettable d'histoire, de carte géographique et de dessin, des efforts sérieux sont faits dans cette école. Le maître s'occupe de ses élèves ; ses nombreuses corrections en font foi. Le cours élémentaire mérite une mention toute spéciale.

Quant aux travaux manuels des filles, ils étaient soignés généralement. Mais il a été impossible, pour certaines écoles, vu le manque complet d'indications — âge, cours, — d'établir des comparaisons entre les ouvrages et de déterminer la part de l'élève et celle de la maîtresse dans l'exécution du travail. En toute justice, ces écoles devaient être mises hors de concours.

Trois écoles libres ont exposé, dans la partie facultative, des dessins géométriques de valeur très inégale. Ceux qui ont été présentés par les Frères de la rue d'Arras, à Saint-Omer, sont remarquables autant par le fini de l'exécution que par la science qu'ils dénotent chez leurs auteurs, deux d'entre eux, employés au bureau de M. l'Ingénieur, étant mis à part.

Le même établissement a exposé aussi des travaux importants de modelage. Le Jury a dû, tout d'abord, limiter la base de ses opérations aux élèves fréquentant encore l'école, n'ayant reçu aucun secours étranger offert à leur art, ou du moins, que des secours insignifiants. La valeur artistique de la plupart de ces travaux trahit, en effet, à elle seule la main d'auteurs qui ne pouvaient être admis à concourir avec des enfants. Par suite de cette première et unanime décision, le Jury s'est récusé en présence de certaines œuvres comme ayant été faites par des élèves ne suivant plus les cours ou étant apprentis sculpteurs. Cette élimination faite, un hommage mérité a été rendu à l'habileté de la direction et aux excellents résultats obtenus.

V

Histoire de l'Enseignement primaire.

Le premier groupe de la section spéciale aux travaux des maîtres devait comprendre, on le sait, tout ce qui pouvait se rapporter à l'histoire de l'enseignement primaire, à l'histoire proprement dite, aux études géographiques. L'appel fait aux instituteurs a été sérieusement entendu. La Commission a eu à examiner plus de 150 mémoires.

L'œuvre la plus complète était une collection d'une centaine de manuscrits envoyés par les instituteurs et les institutrices de la circonscription de Saint-Omer. L'importance de ces documents est telle que, désormais et pour longtemps, quiconque voudra connaître dans son intime détail cette portion de notre département au point de vue physique, économique et moral, c'est-à-dire avec son relief, le régime de ses eaux, ses voies de communication, ses dialectes, la physionomie de ses populations, leurs mœurs, leurs idées, les monuments et l'histoire de l'instruction populaire, devra s'en référer à cette précieuse encyclopédie. Cet ouvrage auquel l'instituteur de chaque commune a apporté sa pierre, sans espoir de récompense personnelle, a coûté plus d'un sacrifice de temps et d'argent à ses auteurs. — Un grand diplôme d'honneur a été décerné à cette intéressante collection.

D'autres travaux venus de tous les points du département, consacrés quelques-uns à l'histoire de l'enseignement primaire, le plus grand nombre à des études particulières d'histoire ou de géographie ont fixé l'attention de la Commission et des visiteurs. Les simples chronologies, les compilations pures d'histoire, telle méthode puérile plus semblable à un jeu de patience qu'à un véritable système d'enseignement, ont été rigoureusement écartées.

Des récompenses n'ont pu davantage être attribuées à un certain nombre d'essais qui renfermaient sans doute de bons chapitres, des relevés curieux, des faits intéressants, mais noyés dans un ensemble un peu banal ; à des géographies où la description était sacrifiée à la nomenclature ; à des méthodes qui, sans être mauvaises, ont paru de peu d'importance ; à des ouvrages enfin dont le style manquait de justesse, de correction ou de simplicité.

Parmi les ouvrages recommandables, au nombre de seize, renfermant des informations sérieuses, un exposé clair et complet, quelques-unes avaient déjà figuré à d'autres expositions et y avaient obtenu des récompenses. Nous devons citer tout particulièrement les travaux de MM. Fasquelle, instituteur à Cormont; Thuillier, instituteur-adjoint à Vimy; Legrand, instituteur à Verton.

En constatant avec le plus grand plaisir combien le goût de la géographie et de l'histoire s'est répandu dans le personnel des écoles, la Commission exprime le regret toutefois que l'on s'en tienne encore aux méthodes surannées pour la représentation du relief. Elle voudrait qu'on abandonnât ce système de chenilles et d'arêtes qui forment aux bassins fluviaux un périmètre impitoyable et qui mettent des montagnes là où il n'y eut jamais que des plaines. Ce procédé explique bien mal le régime des eaux.

Ces réserves faites, il faut dire à la louange des maîtres que les meilleurs manuscrits renferment des recherches consciencieuses, d'excellentes théories, des études intéressantes sur les dialectes locaux, des tableaux attachants, soit des faits soit des coutumes du passé, des statistiques instructives, des biographies piquantes. Un souffle généreux circule dans ces œuvres; l'on y trouve le goût de la profession et une note personnelle, l'on y reconnaît l'art d'être complet sans être aride, le véritable sens pédagogique, en un mot.

VI

Tableaux et Cartes pour l'enseignement des différentes matières; musées scolaires; collections diverses.

Un grand nombre de tableaux et cartes pour l'enseignement et d'importants musées scolaires présentés par des instituteurs garnissaient, nous l'avons dit déjà, les galeries de l'Exposition. Aussi cette section est certainement la plus complète et la plus intéressante de la partie facultative. Les maîtres commencent à comprendre la nécessité de l'enseignement par l'aspect et les avantages qu'il présente pour les progrès des élèves. Les cartes fournies par les éditeurs sont souvent, pour la plupart des enfants, trop chargées, pas assez claires, pas assez à leur portée. De plus, elles sont parfois d'un prix un peu élevé; les communes sont pauvres, les sacrifices d'argent leur sont impossibles. Aussi, malgré les libéralités constantes de M. le Ministre de l'Instruction publique, beaucoup d'écoles sont encore entièrement dépourvues de l'outillage exigé pour un bon enseignement pratique.

Et pourtant la nécessité de l'ornementation des écoles est d'ordre pédagogique. La salle de classe ne saurait être rendue trop vivante, trop gaie d'aspect, trop confortable. La propreté qui doit y régner, propreté que nous réclamons de tous les maîtres de l'enfance et que, pour notre part, nous désirerions « exquise », peut avoir, au point de vue moral, de sérieux résultats. L'enfant acquiert à l'école où il se rend plus volontiers, avec le respect de ce qui l'entoure, le respect de soi-même ; il se fait de l'instruction une plus haute idée et y attache plus de prix. Son corps s'y développe plus librement, son esprit y puise des notions saines. Il reportera ensuite dans la famille, dans la société, les heureuses habitudes contractées ; l'avenir de notre cher pays y gagnera de toutes façons.

Pour remédier, dans la mesure du possible, à un état de choses préjudiciable à tant de précieux intérêts, beaucoup d'instituteurs font eux-mêmes à la craie ou au pastel, sur du papier noir, des cartes simples, méthodiques et appropriées aux besoins de leurs enfants. On ne peut que les en féliciter.

Parmi les musées scolaires, il faut citer surtout ceux des cantons nord et sud de Saint-Omer et de Lumbres préparés par MM. Dumont et Piquet, instituteurs, avec le concours de leurs collègues. Ces musées cantonaux sont destinés à servir de modèles ; ils sont aussi appelés à compléter, à tour de rôle, les petits musées de chaque école.

Signalons encore le musée du canton d'Ardres. Ce musée paraît conçu sur un vaste plan. Nous émettons le vœu qu'il soit complété à bref délai.

Les musées de MM. Crépel, instituteur à Havrincourt ; Potel, instituteur à Haisnes ; Hochart, instituteur à Floringhem ; Blart, instituteur à Samer, — nous ne pouvons tout nommer, — méritent de même une mention toute spéciale.

Deux maîtres, MM. Noël de Boisdinghem et Lamory de Willencourt, ont exposé chacun une belle collection d'oiseaux qui leur a valu les encouragements du jury.

Dans les nombreux tableaux et cartes pour l'enseignement, l'on a surtout admiré le magnifique travail de M. Dumont, directeur d'école laïque à Saint-Omer et de ses adjoints MM. Carion et Toulotte. Leur œuvre, parfaitement conçue, très méthodique, consistait en une suite de dessins à la craie sur papier noir, devant servir pour la compréhension des leçons de sciences physiques et naturelles à l'école primaire. Elle était d'un fini remarquable.

Les mêmes maîtres exposaient encore une collection complète de cartes géographiques dessinées d'une main très habile, collection qui leur avait déjà valu au dernier Congrès géographique de Douai un diplôme d'honneur.

Ces divers travaux, nous tenons à le dire à l'éloge de ces instituteurs, font partie du système d'enseignement adopté à l'école de la rue Gambetta.

Mentionnons maintenant les cartes et tableaux de MM. Dhénin, instituteur à Ervillers ; Damary, instituteur à Serques (cartes un peu trop chargées) ; Thuillier et ses adjoints, instituteurs à Frévent ; Pontier, instituteur à Renty ; Sénéchal, à Bois Saint-Pierre (Auchel), etc. — Nous sommes obligé de nous borner. Mais nous devons constater la bonne volonté apportée par tous pour faciliter les études scolaires.

Les maîtres sont dans une voie excellente ; qu'ils continuent. Des efforts, des efforts encore, des efforts toujours ! Le progrès est de tous les instants.

VII

Plans d'études ; emplois du temps, projets d'organisation pédagogique, etc.

Les travaux pédagogiques envoyés par les maîtres témoignent de la bonne volonté. Quelques-uns renferment des idées neuves ; dans d'autres, les maîtres ont su, après de patientes recherches, coordonner différentes méthodes et essayer d'en tirer le meilleur parti. On reconnaît que les instituteurs ont les yeux fixés vers le même but : perfectionner l'enseignement, faire des citoyens éclairés et de bons patriotes.

Tout en félicitant les maîtres de leurs consciencieux efforts, nous devons dire qu'il ne nous est point possible de les approuver entièrement. M. Bouchendomme, de Frévent, par exemple, critique les actes de l'Administration, proteste contre le règlement horaire ; nous lui laissons bien volontiers *toute* la responsabilité de ses doctrines.

M. Minet, inspecteur primaire à Saint-Pol (actuellement à Arras), a présenté, au nom de ses instituteurs, un résumé complet des conférences pratiques faites dans sa circonscription. L'idée est excellente. Les comptes-rendus laissent parfois à désirer au point de vue de la forme, mais les résolutions adoptées sont marquées au coin d'une pédagogie rationnelle. La maxime : « Chacun pour tous, tous pour chacun » a été mise en pratique, et certainement ces conférences, que nous ne saurions trop recommander, produisent des résultats heureux. Outre l'immense avantage d'expliquer à nos maîtres les nouveaux programmes d'enseignement, de leur indiquer la meilleure marche à suivre pour se mettre à la portée des élèves, et par conséquent, se faire bien comprendre, elles leur permettent une préparation utile, sérieuse aux examens du certificat d'aptitude pédagogique. Tous les maîtres, en effet, devraient ambitionner ce titre qui prouverait une fois de plus combien ils ont à cœur leur mission difficile.

Nous devons citer encore parmi les meilleurs travaux ceux de

MM. Deltour, instituteur à Nuncq ; Valentin, instituteur à Beaudricourt ; Dezéque, instituteur à Moyenneville ; Mlles Lallemant
et Bellettre, institutrices à Saint-Omer.

VIII

Enseignement agricole : Cours, collections d'insectes et de graines, herbiers, etc.

L'enseignement agricole a été le sujet de quelques mémoires
intéressants.

M. Grimbert, instituteur à Division, a présenté un Manuel pratique d'agriculture et d'horticulture qui a valu à l'auteur une
médaille d'or de la Société nationale d'Agriculture. Cet ouvrage, rédigé en conformité des programmes du 27 juillet
1882, est bien conçu, parfaitement gradué ; de nombreuses
figures sont intercalées dans le texte. Il convient aux élèves du
cours moyen pour lesquels il a été écrit. M. le Professeur
départemental d'agriculture, plus compétent que nous en pa-
reille matière, l'a recommandé déjà tout spécialement aux maîtres du Pas-de-Calais. Le Jury a décerné un diplôme d'honneur à M. Grimbert.

MM. Sailly, instituteur à Saint-Martin-au-Laërt ; Allouchery,
instituteur à Herbelles ; Louis, instituteur à Helfaut ; Vanacker,
instituteur à Wismes, exposent aussi des travaux importants
déjà récompensés dans divers concours.

Nommons encore MM. Valentin, de Beaudricourt ; Morel, de
Givenchy-lez-La Bassée ; Dhénin, d'Ervillers ; Laurent, de
Bruay ; Potel, d'Haisnes ; Dubois, de Delettes-Upen dont les
œuvres ont, à des degrés divers, attiré l'attention du Jury.

Nous félicitons sincèrement ces maîtres. Leur zèle à propager
dans les campagnes des idées saines fera faire un grand pas à
l'agriculture trop souvent encore abandonnée à la vieille routine,
cette ennemie irréconciliable du progrès. Nous les félicitons
surtout de fortifier chez les enfants les habitudes et les goûts
inhérents à la profession de cultivateur. L'agriculture manque
de bras, elle souffre ; et malgré cette situation, depuis quelques
années, l'ouvrier déserte facilement les champs pour la ville. Il
croit trouver dans celle-ci la fortune, toutes les jouissances ma-
térielles de la vie, il n'y rencontre presque toujours que le dé-
couragement, la maladie, l'inconduite, la ruine.

Réagissons dans nos écoles contre cette fâcheuse tendance ;
montrons aux enfants les torts de ceux qui les ont devancés sur
les bancs, faisons leur apprécier les charmes de la vie champê-
tre ; nous travaillerons pour le pays, car nous lui préparerons
des citoyens honnêtes, des soldats forts et vigoureux qui, dans

nos luttes pacifiques et guerrières, sauront tenir constamment haut et ferme notre glorieux drapeau.

L'on s'occupe peu d'apiculture dans le Pas-de-Calais. Deux ruches, cependant, ont été soumises à l'appréciation de la Commission, par MM. Monvoisin, instituteur à Oisy-le-Verger, et Massel, instituteur à Bayenghem-lez-Éperlecques. Toutes deux sont agencées d'une façon ingénieuse ; elles permettent de donner *de visu* une leçon sur les mœurs, les coutumes des abeilles, leurs travaux. La première surtout a été remarquée.

Les jeunes Faucquette, frères, et Surbayrolles, Paul, de l'école laïque d'Aire, collectionnent les insectes du pays. Leurs efforts étaient dignes d'un encouragement. Il leur a été accordé une médaille de bronze.

L'étude de la botanique, qui peut rendre tant de services à nos populations, est assez en honneur dans le département. La Commission a eu à examiner un nombre relativement considérable d'herbiers préparés par des instituteurs et leurs élèves. Ces herbiers sont, pour la plupart, établis avec soin. Les plantes sont classées par familles et des explications assez détaillées font connaître leur manière de vivre, leurs usages, leurs propriétés.

Les plus intéressants spécimens proviennent des écoles de Saint-Omer (M. Toussaint), de Lumbres (M. Piquet), de Beaurainville (M. Hautecœur), d'Outreau (M. Caron), de Lillers (M. Lacroix), de Floringhem (M. Hauchard).

IX

Sociétés protectrices des animaux.

A l'agriculture se rattachent par un lien naturel les idées protectrices à l'égard des animaux. M. Pecquet, instituteur à Vendin-le-Vieil, expose un éloquent plaidoyer en faveur de ces créatures trop souvent livrées à la brutalité de l'homme qui ne comprend point ou ne veut point comprendre les nombreux et importants services qu'il en reçoit. Son travail est intitulé « Insectologie », mais le sous titre « Ennemis ou alliés des cultivateurs » définit mieux le but que l'auteur s'est proposé.

Ce qu'entreprend, en effet, M. Pecquet, c'est d'expliquer à ses lecteurs l'action qu'exercent sur les produits du sol les animaux dont sont peuplées nos campagnes. « L'agriculture, dit-il, a beaucoup d'amis et d'ennemis », et il nous montre d'abord les insectes nuisibles en indiquant les meilleurs moyens à employer pour les faire disparaître. Il nous parle ensuite des insectes utiles, puis des oiseaux, ces grands destructeurs de l'ennemi. Il

recommande les uns et les autres à la protection de ses élèves ;
montre comment on peut préserver les derniers des intempéries
et en propager les espèces : le tout dans un langage élégant et
persuasif. Des vignettes bien faites accompagnent les descrip-
tions. Rien n'a été négligé par l'auteur pour rendre son œuvre
utile et profitable. Il devait être compris. Aussi nous ne nous
étonnons point qu'il ait pu terminer son travail par ces mots :
« Il n'y a plus de dénicheurs de nids chez nous, plus de bandes
d'enfants dévastant les bois ; tous les oiseaux sont en repos, le
succès couronne nos efforts ». Le diplôme d'honneur accordé à
ce maître est des plus mérités.

M. Sailly, instituteur à Saint-Martin-au-Laërt, donne aussi à
ses enfants de sages conseils sur la protection. Les considérations qu'il fait valoir sont développées avec une méthode et une
clarté parfaites. Les raisons d'ordre moral surtout sont présentées avec autant de simplicité que de charme et d'élévation.

La méthode suivie par ce maître consiste à faire converger
un jour par semaine vers les idées protectrices les leçons et les
devoirs de sa classe. Il a établi pour tous ses élèves un règlement très bien conçu et d'une forme ingénieuse. Les signataires
y exposent, dans une série d'articles, en motivant chaque fois
fortement leur conduite, ce qu'ils feront et ce dont ils s'abstien-
dront. Les noms des délinquants sont inscrits sur un registre.
Une carte d'honneur est décernée chaque année aux élèves les
plus méritants.

M. Pontier, instituteur à Renty, sait aussi défendre avec un
dévouement digne d'éloges une bien noble cause. Un dessin co-
lorié, d'une forme un peu naïve, mais assez clair toutefois pour
que l'enfant puisse reconnaître l'ami dont on lui parle, sous ce
dessin une notice exacte, intéressante, un touchant plaidoyer en
faveur de ces pauvres animaux que nous récompensons si souvent par l'ingratitude : ainsi est composé chaque feuillet de l'al-
bum exposé par ce maître.

MM. Greuez, de Ruminghem ; Boulanger, de Balinghem ;
Vanacker, de Wismes, ne le cèdent en rien par leurs efforts aux
maîtres si dévoués dont nous venons d'analyser les travaux. Eux
aussi ont établi dans leurs écoles des associations protectrices
que nous serions heureux de voir se développer dans chaque
commune. Les dégâts causés par les insectes nuisibles sont considérables ; ils se chiffrent chaque année par des centaines de
millions. Il appartient à l'instituteur de faire cesser ou du moins
d'atténuer cet état de choses ; en agissant ainsi, il aura beaucoup
fait pour son pays.

X

Bibliothèques populaires des écoles publiques ; Caisses d'épargne scolaires; Cours d'adultes.

Les bibliothèques populaires des écoles sont appelées à rendre les plus importants services dans nos campagnes. Elles aident l'instituteur dans la tâche difficile de former des hommes, en développant le sentiment moral et en excitant la fibre patriotique.

Cette institution des plus utiles a fait depuis quelques années dans le département des progrès sérieux. Dans la plupart de nos écoles de garçons et des écoles mixtes, la bibliothèque occupe une place très honorable ; partout elle compte de nombreux lecteurs.

Les écoles spéciales aux filles, nous ne pouvons comprendre cette abstention, ne se sont point encore engagées dans cette voie. Pourquoi ? Nous n'osons pas faire la réponse. Nos institutrices ne peuvent ignorer le rôle important de la femme dans la famille et la société. Cette constatation que nous avions l'obligation de faire en passant suffira, nous en sommes convaincu, pour les rappeler au devoir.

Afin de faciliter dans son arrondissement le développement d'une œuvre qui aura certainement les meilleures conséquences dans l'avenir, M. Minet, inspecteur primaire à Saint-Pol, a organisé le « Sou des Bibliothèques ». Une grande activité a été déployée. Le bon vouloir de tous s'est manifesté. Les familles ont compris quels avantages pouvaient résulter de saines et intéressantes lectures, les conseils municipaux ont répondu à l'appel qui leur était adressé. Aussi presque toutes les communes, pour ne pas dire toutes, ont leur bibliothèque, si modeste qu'elle soit.

Nous sommes heureux d'être l'interprète de la Commission en adressant nos félicitations les plus complètes aux maîtres qui ont si bien compris ce que l'on demandait d'eux, à l'honorable inspecteur qui a su mettre à profit leur dévouement et leur esprit d'initiative.

La bibliothèque la plus importante du département est certainement celle de Saint-Martin-au-Laërt. Créée en 1875 par M. Sailly, l'instituteur actuel, dont le zèle est infatigable, elle présente, d'année en année, la progression la plus satisfaisante pour le nombre des volumes et celui des lecteurs. Un catalogue des plus complets suivi d'une statistique très intéressante a permis au Jury de constater son développement et ses progrès. — Des souscriptions ont eu lieu, le Conseil municipal s'est montré généreux et la bibliothèque compte actuellement 2.400 volumes étiquetés, classés avec un soin de bibliophile. — Depuis le 16 mai 1875 jusqu'au 30 avril 1884, 18.610 prêts ont été faits. La commune ne compte cependant que 1.190 habitants.

Il faut citer ensuite la bibliothèque de Samer, plus ancienne, — elle a été fondée en 1865, — très prospère et tenue aussi avec un soin au-dessus de tout éloge.

Les caisses d'épargne sont de même de puissants instruments de moralisation. Mais il faut éviter de les détourner de leur but essentiel en inscrivant sur le livret de l'élève les économies des parents. Il ne s'agit nullement d'inspirer aux enfants l'amour de l'argent, mais de leur faire comprendre le prix du travail et la vraie valeur de la richesse.

Les écoles où la caisse d'épargne a donné jusqu'ici les meilleurs résultats sont celles d'Aire-sur-la-Lys (M. Dannel), de Saint-Martin-au-Laërt (M. Sailly), de Lapugnoy (M. Morieux), malgré les difficultés considérables que ces maîtres ont rencontrées au début de leur œuvre. Qu'ils persévèrent et que leur exemple soit suivi...

Quant aux caisses des écoles instituées par la loi du 10 avril 1867 et rendues obligatoires dans chaque commune par la loi du 28 mars 1882, elles commencent à fonctionner un peu partout et rendent plus facile l'application de cette dernière loi. Il existe encore des négligences regrettables, mais il faut espérer que les Municipalités comprendront désormais mieux leurs devoirs et que les caisses des écoles produiront tous les résultats qu'on est en droit d'attendre de cette excellente disposition prise par nos législateurs.

Les cours d'adultes n'ont pas seulement l'avantage d'aider l'employé, l'ouvrier à perfectionner et augmenter les connaissances acquises ; eux aussi peuvent répandre au milieu des populations des idées plus saines, et, en donnant plus d'importance à l'instruction, ils font au cabaret une concurrence que l'on ne peut trop encourager. Le cabaret, en effet, nous ne le saurions dire assez, c'est la démoralisation, c'est la ruine. Que l'instituteur redouble donc de zèle. Sans doute la tâche est lourde quand déjà la journée a été toute de labeurs, mais le but à atteindre est des plus nobles ! Au bon maître rien ne coûte quand il s'agit d'accomplir dignement sa mission ; il s'inquiète peu des sommes qu'il pourra recueillir pour le payer de ses peines. Il fait le bien pour le bien : c'est dans la satisfaction du devoir accompli qu'il trouve sa récompense.

Quelques instituteurs ont présenté sur les cours d'adultes des mémoires intéressants qui ont été appréciés.

XI

Le dessin, nous l'avons dit, doit rendre nos ouvriers plus habiles et par suite faciliter considérablement leur tâche. Cette raison suffisait, à notre sens, pour que le Conseil supérieur de l'Instruction publique rangeât le dessin parmi les matières obligatoires. « L'école, a dit un recteur, n'a pas plus mission de faire des artistes que des agriculteurs ; son rôle est de mettre des aptitudes en situation de se manifester et sur la voie d'un développement ultérieur. L'enfant doit faire à l'école non l'apprentissage de l'art, mais l'apprentissage du goût ».

Des travaux assez nombreux ont été soumis à l'examen du Jury. M. Eliet, inspecteur primaire à Saint-Omer, y avait joint la collection complète des plans de toutes les écoles de la circonscription. L'idée fut trouvée très heureuse et unanimement approuvée par la Commission. En ce temps de constructions scolaires, une collection aussi variée peut, en effet, être d'un grand secours à tous ceux qui sont appelés à élaborer ou à critiquer un plan d'école.

Signalons maintenant d'une façon toute particulière le cours de dessin de M. Ragache, instituteur à Saint-Omer. Il se distingue par la nouveauté de quelques planches et par le choix des exercices qui sont bien gradués et à la portée des élèves.

Parmi les plans et cartes géographiques en relief, la Commission a surtout remarqué le travail de M. Tiran, instituteur à Setques, celui de M. Louis, instituteur à Helfaut. Ce dernier a produit le relief de sa commune et M. Tiran a exposé une carte de France enlevée au burin sur un bloc de craie. Bien qu'inachevée, cette carte révèle chez l'auteur des aptitudes spéciales que nous l'engageons vivement à perfectionner. Elles seront pour lui une récréation agréable, elles seront utiles à son école.

Citons encore le tableau de M. Drouvin, d'Enguinegatte, expliquant d'une manière tangible les divers accidents géographiques de la surface du globe, le canton de Fauquembergues par M. Pontier, instituteur à Renty, le plan de Fauquembergues par M. Dorlet, celui de Nielles-lez-Bléquin par MM. Hanne et Pasquier, enfin l'ingénieux compas que M. Thuillier, de Ligny-lez-Aire, a construit pour pouvoir décrire des traits de force.

XII

« Les cœurs sont bien près de s'entendre quand les voix ont fraternisé » a dit l'immortel Béranger. Platon et Aristote étaient d'accord avant lui pour affirmer que le rhythme et l'harmonie de la musique communiquent aux âmes l'amour de l'ordre, la douceur et la régularité, je ne sais quel apaisement des passions. Au point de vue moral, le chant peut donc rendre de notables services. Mais là ne se borne point son utilité. Il élargit la poitrine, développe le jeu des poumons, combat les mauvais effets de la vie sédentaire ; en un mot, il constitue un ensemble de résultats d'une grande valeur hygiénique.

Ces qualités importantes, le bon instituteur sait les mettre à profit. Il ne se contente pas des leçons de chant rendues obligatoires par les nouveaux programmes, il exige que les entrées et les sorties des élèves, les changements d'exercices, les mouvements gymnastiques même se fassent toujours en chantant. La discipline est ainsi considérablement facilitée à l'école, les enfants fortifient leur organe vocal et se préparent pour l'avenir de très agréables distractions.

Les méthodes d'enseignement, les recueils de morceaux de chant à l'usage des écoles sont relativement nombreux. Quelques spécimens figuraient à l'Exposition ; ils avaient été envoyés les uns par les éditeurs, les autres par les auteurs eux-mêmes.

Le travail le plus important était présenté par M. Danhauser, inspecteur principal de l'enseignement du chant dans les écoles communales de Paris. Ce travail est divisé en deux parties : l'une, théorie de la musique avec appendice et abrégé, est la partie didactique de l'œuvre ; l'autre est un recueil de chants choisis ou composés par l'auteur pour les écoles.

La partie didactique est supérieurement faite, mais elle est plutôt destinée aux écoles spéciales de chant qu'aux écoles primaires. Quant aux recueils de chants pour les écoles avec ou sans accompagnement de piano, ils sont très bien appropriés au but auquel ils sont destinés. — Le jury a décerné à M. Danhauser un diplôme d'honneur. Son œuvre a évidemment tous les mérites que l'on peut attendre d'un auteur occupant une situation aussi élevée.

La méthode d'enseignement élémentaire de M. Ribis (librairie Belin) est divisée en cinq cahiers bien compris et qui ont une certaine utilité pratique.

Celle de M. Papin qu'expose la maison Hachette et qui comprend aussi cinq parties, dont deux complémentaires, est recommandable à tous égards. Elle réunit l'utilité pratique à la modicité du prix et l'énonciation seule du chiffre du tirage où elle est arrivée (153e mille) est suffisante pour en démontrer la valeur.

L'ouvrage de M. Laisné, inspecteur de la gymnastique des écoles municipales de Paris — recueils de chants spéciaux appliqués aux exercices de gymnastique — a aussi une certaine valeur pratique. Les chants sont choisis selon les rhythmes ; ils peuvent faciliter la régularité et l'ensemble des exercices.

Parmi les travaux que présentaient les instituteurs du Pas-de-Calais nous devons citer :

1° Un ouvrage sur la musique populaire par M. Dauchez, instituteur à Wingles. L'auteur qui a fait précéder son étude d'un exposé de la façon dont il a été conduit à la produire, s'est livré à un travail complet. Son enseignement théorique est peut-être au-dessus des facultés des élèves de son école, mais son œuvre a un mérite réel qui a été vivement apprécié.

2° Un intéressant et important travail de M. Monvoisin, instituteur à Oisy-le-Verger. C'est une théorie appliquée composée de grands tableaux faciles à lire par les élèves et suivie de chants inédits.

Le recueil de chants d'école tirés de l'histoire de France de MM. Souillart et Laurent, instituteurs, n'a rien de remarquable comme musique et le rhythme laisse souvent à désirer, mais cet ouvrage renferme une pensée qui a sa valeur. Le choix des morceaux dénote, en effet, un sentiment patriotique très prononcé chez ces maîtres, une façon originale de donner des leçons d'histoire, un moyen très pratique de les rendre agréables et de les faire apprendre par les enfants.

Les métronomes exposés par M. Wiet, libraire à Auxi-le-Château, n'ont pas paru à la Commission répondre complètement aux conditions exigées pour cet instrument. Ces métronomes consistent en un simple système de pendule qui, monté ou abaissé sur une échelle *ad hoc*, marque les mouvements plus précipités ou plus lents de la musique et indique la façon dont ils doivent être exécutés. Leur auteur a voulu que ce fût le passage du pendule en face d'un disque vide qui donnât le mouvement de la mesure. Comme il est indispensable d'avoir toujours l'œil sur l'instrument, il n'est point possible de lire en même temps la musique. Pour pouvoir suivre le mouvement, il faudrait savoir la musique par cœur et dans ce cas le métronome deviendrait inutile. Le métronome Maëtzel se percevant par l'ouïe et la vue est plus pratique.

Néanmoins, l'instrument de M. Wiet peut être d'une grande utilité pour les exercices gymnastiques. Ces exercices qui doivent nous préparer des hommes robustes, sains et moraux — on ne discipline pas le corps sans que l'esprit s'en ressente et que la morale y trouve son compte — ont inspiré peu de travaux. Aucun des mémoires exposés n'a paru digne d'une mention spéciale. Celui de M. Debuire, instituteur à Lebiez, peut être considéré comme le meilleur. Ce maître a, en effet, émis de très bonnes idées présentées simplement et avec cœur.

XIII

Plans d'écoles et de groupes scolaires.

Les architectes qui ont répondu à l'appel de la Commission ont été peu nombreux.

M. Agnès, l'architecte du département, nous a présenté les plans et élévations des deux magnifiques constructions où sont installées à Arras les Ecoles Normales. Ces écoles ont une grande ressemblance. Leur distribution intérieure est parfaite ; le chauffage et la ventilation ont été bien compris et bien étudiés ; les façades composées de briques et de pierres harmonieusement agencées sont d'un bel effet architectural. Ce sont, en un mot, les œuvres jumelles d'un maître dans l'art de construire. Pourquoi M. Agnès a-t-il négligé de nous faire connaître l'orientation des bâtiments ainsi que le chiffre de la dépense ?

Notre observation s'adresse aussi à M. Vauchel, de Saint-Pierre-lez-Calais, qui a exposé un projet de groupe scolaire, parfaitement ordonné, remplissant toutes les conditions imposées par le programme ministériel.

M. Pennequin, de Lille, nous a montré les dessins d'exécution de plusieurs écoles, un projet d'école maternelle et un projet de groupe scolaire. La dépense pour construction nous est connue ; à côté de l'œuvre, le détail estimatif. Nous avons pu lire sur un tableau *ad hoc* les chiffres du décompte d'un grand nombre d'écoles dont M. Pennequin a dirigé la construction. Le devis, chose rare et digne d'être citée, n'a jamais été dépassé. Ces travaux ont attiré l'attention. Les succès de cet architecte, et l'expérience qu'il a acquise dans cette branche spéciale lui réservent un accueil bienveillant auprès des administrations municipales.

Les travaux de M. Colbrant, de Saint-Omer, prouvent aussi des connaissances pratiques très étendues. Le développement donné aux habitations est peut-être trop considérable toutefois, eu égard à l'importance de l'école proprement dite.

La Commission a été généralement satisfaite. Elle nous a chargé cependant d'exprimer le regret de n'avoir eu à examiner que des projets exécutés sur des terrains rectangulaires et d'une très grande surface. Ce cas se produit sans doute presque toujours dans les campagnes, mais il n'en est malheureusement pas de même dans les villes, surtout dans les enceintes fortifiées. Les architectes se trouvent alors aux prises avec des difficultés de toute nature, vaincues seulement à force d'études et d'habileté.

XIV

Mobilier : Tables, bancs pour écoles et préaux ; Mobilier spécial des classes de dessin ; Appareils de chauffage et de ventilation.

La question du mobilier scolaire est des plus importantes ; elle préoccupe, à juste titre, tous ceux qui s'intéressent à l'hygiène de nos écoles.

La Maison du Vieux-Chêne, de Paris, avait envoyé à l'Exposition un grand nombre de tables de modèles différents, des bureaux pour maîtres, une armoire-bibliothèque, un cartonnier, des tables à dessin et des bancs pour écoles maternelles. La collection complète et très intéressante a valu à cette maison un diplôme d'honneur. Nous aurions à reprocher cependant le prix un peu élevé des divers types exposés. L'on n'est pas riche dans nos campagnes. Si l'on veut remédier à une situation hygiénique qui laisse tant à désirer encore dans notre département, il ne faut point exiger des communes de trop fortes dépenses : le luxe doit être nécessairement sacrifié pour l'utile.

Les modèles de MM. Hachette et Cie, de Paris ; de MM. Delpierre, de Saint-Omer ; Pennequin, de Lille ; Montigny, de Calais, bien conçus, parfaitement conditionnés, nous paraissent de beaucoup préférables pour nos écoles.

MM. Geneste, Herscher et Cie, constructeurs-mécaniciens à Paris, ont exposé dans cette même section le dessin des appareils de chauffage et de ventilation qu'ils ont installés dans divers établissements. Le Jury a tenu grand compte à ces Messieurs de leurs consciencieux efforts, mais il a reconnu que si le système présenté pouvait offrir des avantages sérieux dans les écoles nombreuses des grandes villes, il n'était guère applicable à nos écoles rurales. On ne peut, d'ailleurs, apprécier à leur juste valeur de tels appareils sans les avoir vu fonctionner.

XV

Matériel d'enseignement : Méthodes de lecture et d'écriture, tableaux noirs, etc.

L'Exposition du matériel d'enseignement comprenait quelques méthodes de lecture et de numération, un certain nombre de cartes et tableaux et quantité d'appareils destinés à faciliter et à développer les études de l'enfant. Tous ces objets n'ont pas paru dignes de récompenses, mais tous témoignent de louables efforts et d'un zèle éclairé auxquels nous aimons à rendre hommage.

Parmi les travaux de maîtres, nous devons citer :

1° Trois appareils pour l'enseignement simultané de la lecture et de l'écriture présentés par MM. Balavoine, instituteur à Quœux ; Boutillier, instituteur à Gouy-Saint-André ; Piette, instituteur à Sévigny-la-Forêt (Ardennes). — Au point de vue pédagogique, ces appareils ont la même valeur. On peut y voir un pas vers des simplifications utiles : ils amusent les enfants et les tiennent en haleine. Mais ils fonctionnent avec trop de lenteur et ne constituent pas un progrès réel sur les bonnes méthodes de lecture et d'écriture aujourd'hui en usage.

2° Une méthode d'enseignement simultané de la lecture et de l'écriture par M. Peretti, de Paris, maison Chaix. Cette méthode facilite la tâche du maître, tant pour la discipline que pour l'enseignement ; elle conduit sans peine tous les élèves à une même et bonne écriture ; elle a de plus l'avantage de leur apprendre à lire et à écrire en même temps.

3° Une bonne méthode de lecture de M. E. Cuissart, apprenant en même temps la lettre manuscrite et la lettre imprimée.

4° Une collection de tableaux de lecture dressés par MM. les instituteurs d'Étaples, présentant un bon choix d'exercices bien gradués.

5° Un tableau pour l'enseignement de la lecture par M. Colin, instituteur à Linzeux. Dessin de l'objet à côté du mot qui l'exprime : ces dessins sont bien choisis et peuvent servir de leçons de choses.

6° Un appareil de numération très ingénieux de M. Drouvin, instituteur à Enguinegatte.

7° Un tableau-compteur numérateur destiné à enseigner par les yeux la numération, l'addition et la soustraction, de M. Pannier, instituteur à Étaples.

8° Une collection de solides pour l'enseignement de la géométrie dans l'espace, par M. Petitfils, instituteur à Saint-Pol. Exécution grossière, mais idée excellente et qui mérite d'être encouragée.

9° Quelques tableaux et appareils de cosmographie, par M. Tilmant, directeur de l'École primaire supérieure de Lille. L'un de ces appareils, très intéressant et qui a été tout particulièrement remarqué, est destiné à être suspendu à la tige d'un bec de gaz. Il consiste en un levier supportant des sphères figurant la terre et la lune. Le bec de gaz ou, à son défaut, une bougie, représente le soleil. Cet instrument, simple et peu coûteux, explique parfaitement le jour et la nuit, les saisons, les phases de la lune, les éclipses. Les deux mouvements de la terre (autour du soleil et sur son axe) et celui de la lune sont indépendants l'un de l'autre et produits à volonté, de manière à attirer l'attention et à la retenir sur chacun d'eux séparément.

Les envois des éditeurs et des auteurs ont été considérables.

Les méthodes d'écriture et de dessin de M. Godchaux ont une certaine valeur.

MM. Eugène Belin, Hachette et Cie, Delagrave, Fauvé et Nathan, Chaix, Vuillemin ont exposé des globes, des cartes, des tableaux de système métrique généralement bien appropriés à nos écoles. Tout serait à louer si, pour quelques-unes de ces cartes, les teintes n'étaient un peu foncées ; mais c'est là un défaut auquel il est facile de remédier.

La carte scolaire du Pas-de-Calais, dressée par ordre du Conseil général et gravée par M. Ehrard, est très belle et très bonne.

Les travaux de M. Vaquez, adjoint au maire du XVIe arrondissement de Paris, délégué cantonal, doivent aussi être tout spécialement mentionnés. Cet honorable magistrat a présenté des photographies de tableaux graphiques et synoptiques de l'histoire de France à l'usage des écoles primaires. C'est, dit l'auteur, un « instrument enregistreur, un outil » qui, au moyen de formes sensibles, grave dans l'esprit des élèves l'ordre et la relation des faits qui leur sont exposés. C'est neuf, très ingénieux et d'un emploi d'autant meilleur que l'intelligence de l'instrument est facile, que la doctrine, soumise à l'approbation de Henri Martin, est excellente et que le maître peut l'employer sans auxiliaire, sans rien modifier à son enseignement.

Les cartes de l'Institut des Frères manquent de l'exactitude requise, surtout pour l'hydrographie et l'hypsométrie ; elles ont le double défaut d'être restées fidèles aux vieux clichés et de ne pas être appropriées aux besoins nouveaux de l'enseignement.

Dans l'exposition de M. Suzanne, outre des cartes où les reliefs sont indiqués par les teintes d'une façon vraiment surprenante, il faut distinguer surtout un tableau ardoisé à battants. L'une des faces est quadrillée ; sur une autre sont tracées des portées pour écrire la musique. Un boulier-compteur est annexé à l'appareil.

M. Millo, de Douai, nous a montré deux magnifiques cartes locales, l'une du département du Nord, l'autre du département du Pas-de-Calais. Ces cartes recommandées pour nos écoles sont d'une grande netteté et les détails qu'elles donnent sont tout à fait suffisants.

Parmi les musées scolaires figurant dans cette section, il faut placer en première ligne une collection admirable, très complète pour l'enseignement des sciences naturelles à l'école, préparée par M. Doyrolle, éditeur. L'exécution en est très soignée, la disposition excellente.

Le musée industriel scolaire de M. Dorangeon (M. Delagrave, éditeur), présente un tableau pour chaque industrie, avec les échantillons collés sur les tableaux. C'est une collection qui a aussi sa valeur.

M. Glucq, éditeur à Paris, a eu l'heureuse idée de donner aux enfants, au lieu des images grotesques ou banales d'autrefois, des images peu coûteuses — elles se vendent cinq centimes —, amusantes, qui font pénétrer dans l'esprit sans aucune fatigue, une foule de connaissances utiles. Aussi sa « science en images » a été très goûtée. Chaque image est consacrée à une industrie ou à une branche scientifique.

Les nécessaires métriques de MM. Godchaux et Duru sont très complets. Mesures en étain, en fer-blanc, en bois ; poids en fonte et en cuivre ; décimètre cube, centimètre cube et figures solides ; chaîne d'arpenteur, décamètre-ruban ; balance, niveau, etc., rien ne manque pour faciliter aux élèves l'étude de notre système de poids et mesures. Le tout est très bien combiné, de façon à tenir dans une armoire de petites dimensions. Le prix du premier (85 fr.) est un peu élevé pour nos écoles ; nous lui préférons le second qui coûte 40 francs seulement.

Le même M. Duru exposait encore une collection d'instruments d'arpentage et de nivellement renfermés dans une boîte élégante. Ce nouveau nécessaire, qui peut rendre tant de services, est coté 40 francs comme le premier.

En examinant ces nombreux objets dont nous n'avons pu faire qu'une énumération très imparfaite, nous faisions des vœux, afin d'assurer un bon enseignement pratique, pour que nos écoles soient dotées des choses indispensables qui leur font encore tant défaut. Nous ne serons point, hélas ! exaucé avant longtemps. Nous comptons toutefois sur l'initiative des maîtres, la munificence de l'État, la générosité des communes. Des progrès importants ont été accomplis depuis quelques années ; d'autres suivront, nous en avons l'assurance.

XVI

Modèles de dessins ; Plâtres.

Les dessins et plâtres qui formaient une section spéciale dans l'Exposition comptaient sept exposants seulement.

Les modèles de dessin en relief en carton, destinés à remplacer les plâtres, produits par M. Cufay-Gilain, libraire à Abbeville, sont recommandés pour les petites écoles. La méthode est bonne,

Les dessins industriels de la librairie Ducher et Cⁱᵉ, de Paris, sont magnifiques, et la grammaire élémentaire de dessin de M. Cernesson, que publie la même maison, forme un superbe volume où le texte explicatif est élucidé par de nombreuses gravures. L'éloge de cet ouvrage destiné à l'enseignement méthodique et progressif des dessins appliqués aux arts industriels, n'est plus à faire. Déjà il a été adopté par M. le Ministre de l'Instruction publique de Belgique pour les établissements moyens du 1ᵉʳ et du 2ᵉ degré. La récompense décernée par le Jury — un diplôme d'honneur — était de tous points méritée.

« Nos grands hommes » de l'éditeur Primaire sont des bons points à distribuer aux enfants. Les sujets sont parfaitement choisis, les biographies très bien faites et les images parfaitement dessinées. Ce travail n'est que le commencement sans doute d'une nombreuse collection dont on ne peut trop encourager les débuts.

La collection de plâtres de M. Delagrave est des plus remarquables. L'exécution en est bonne. Ces modèles seraient placés avec fruit sous les yeux des élèves. Nous les signalons aux maîtres.

Les modelages exécutés par les élèves des écoles de Boulogne (M. Rebergue), de Béthune (M. Stal), de Saint-Omer (M. Ragache), dénotent une excellente méthode des maîtres et d'heureuses dispositions chez les enfants. Puissent ces essais dont nous félicitons les auteurs trouver des imitateurs nombreux ! Vouloir c'est pouvoir ; un bon instituteur veut toujours.

Quant aux travaux des Frères de la rue d'Arras, à Saint-Omer, il en a été parlé dans le chapitre spécial aux écoles libres. Nous n'y reviendrons pas.

XVII

Appareils de gymnastique et fusils scolaires.

Nous avons dit déjà toute l'utilité des exercices gymnastiques à l'école. Rappelons encore, pour compléter notre pensée, ces belles paroles de Montaigne que nous recommandons d'une manière toute spéciale à l'attention des éducateurs de l'enfance : « Ce n'est pas une âme, ce n'est pas un corps qu'on dresse, c'est un homme, il n'en faut pas faire à deux. Et comme dit Platon, il ne faut pas dresser l'un sans l'autre, mais les conduire également, comme une couple de chevaux attelés à même timon ».

L'enseignement de la gymnastique a fait en France de sérieux progrès, mais nous sommes encore bien inférieurs sur ce point à des nations voisines. Nos maîtres ne sont guère préparés à cet enseignement, les gymnases manquent un peu partout. Il serait cependant possible, à notre sens, d'établir, sans grandes dépenses, dans la cour de l'école les quelques agrès indispensables.

Nous comptions, en faisant appel aux fabricants de France, voir se produire un certain nombre d'appareils peu coûteux que nous eussions pu recommander aux instituteurs et aux municipalités. Il n'en a point été ainsi malheureusement. Un seul portique avec agrès a été exposé par MM. Lemaire fils et Dumont gendre, de Paris.

Cet appareil n'a point paru devoir être installé avec profit dans nos écoles rurales. Il est gracieux, coquet, mais est-il solide ? On en doute. Il convient plutôt comme gymnase d'agrément et a sa place, non dans les cours de nos établissements scolaires, mais sur les pelouses des jardins. D'un autre côté, son prix élevé (130 francs) le met peu à la portée des budgets municipaux des campagnes. Il vaut mieux s'en tenir aux portiques en usage jusqu'ici et que l'on peut faire construire par les ouvriers du pays.

Les exercices militaires achèvent heureusement, dans un certain nombre de communes, l'éducation physique des jeunes gens. Partout des bataillons scolaires s'organisent, et si le Pas-de-Calais n'est pas à l'avant-garde du progrès, il n'est pas du moins au dernier rang. La fibre patriotique vibre aussi dans l'âme de nos travailleurs ; sous une écorce grossière l'on trouve souvent de grands cœurs. Des efforts ont été faits déjà, l'on en fera encore ; chacun redoublera de zèle. Nos élèves exercés au maniement des armes seront préparés à la rude vie du soldat, ils sauront en supporter les fatigues, et le drapeau, image sacrée de la Patrie, n'aura pas de plus énergiques défenseurs...

La maison Spriet frères, de Lens, s'est fait une spécialité, dans notre région, des costumes et fusils pour bataillons scolaires. Les vêtements paraissent solides et confectionnés dans d'excellentes conditions. Ceux qui ont été préparés pour la ville de Douai ont toutes nos préférences.

Quant aux fusils, leur poids a paru peu en rapport avec la force des élèves ; ceux qui se rapprochent du type ministériel sont trop lourds. Le modèle recommandé est le n° 5 avec sabre-baïonnette.

L'exposition de MM. Spriet a été justement appréciée.

XVIII

Librairie : Livres classiques, cahiers et tous objets se rapportant à l'enseignement primaire.

Les collections envoyées par Messieurs les éditeurs de Paris ont été des plus complètes. Il n'appartenait pas à la Commission de juger du mérite relatif des auteurs ni de la valeur intrinsèque des ouvrages. Sa mission consistait simplement à estimer dans leur ensemble les œuvres exposées. C'est ce qu'elle a fait.

Dans la riche collection de la librairie Hachette, nous avons remarqué d'abord des publications destinées plus spécialement aux instituteurs. Le Dictionnaire de Pédagogie de M. Buisson, l'Abrégé du Dictionnaire de Littré, le Manuel général de l'Instruction primaire, l'Ami de l'Enfance, l'Atlas de Géographie contemporaine nouvellement édité ont leur place toute marquée dans nos bibliothèques cantonales.

Viennent ensuite les ouvrages purement classiques pour les écoles primaires, répondant exactement aux programmes arrêtés par le Conseil supérieur le 27 juillet 1882, des publications pour bibliothèques scolaires ou pouvant être données en prix, une série remarquable de biographies sur beau papier, avec gravures soignées, que leur bas prix permet de distribuer comme récompenses en échange d'un certain nombre de bons points.

Rappelons pour mémoire les cours de dessin de d'Henriet, les traités de comptabilité, ceux de gymnastique, de musique, etc. — nous ne pouvons tout citer, — et l'immense matériel destiné aux écoles, nous aurons tous les éléments nécessaires pour apprécier comme il convient une œuvre des plus importantes.

La maison Delalain si anciennement connue de l'Université ne se désintéresse pas de l'enseignement primaire ; les œuvres qu'elle publie, tant pour les maîtres et les élèves que pour les bibliothèques populaires, la maintiennent au rang qu'elle a depuis longtemps occupé.

M. Belin présente une collection des plus variées. Les ouvrages de lecture et de grammaire pour les différents âges, les cours d'histoire et de géographie, ceux d'agriculture et de sciences, les méthodes de dessin, de musique et d'écriture, les traités de comptabilité sont signés de noms bien connus et de haute valeur. Les candidats aux divers brevets de capacité trouvent aussi dans cette librairie de bonnes éditions des auteurs indiqués au programme, et le journal « l'Instruction primaire » peut leur servir de guide dans leur préparation.

Les éditions classiques et les publications périodiques de MM. Paul Dupont et Cⁱᵉ ont rendu d'importants services à l'enseignement à tous ses degrés. Signalons surtout un ensemble d'ouvrages spéciaux de pédagogie dus à un anonyme, ancien inspecteur d'Académie, un recueil des lois et programmes de l'instruction primaire et la collection classique pour les divers cours, qui comprend, outre les premières leçons de lecture de Mˡˡᵉ Matrat, inspectrice générale, ouvrage conçu dans le meilleur esprit de progrès, les travaux de M. Guerrier de Haupt, de M. Georges, de MM. Bommier et Seignette, de M. Rebière, etc.

Ajoutons encore les anciennes méthodes d'écriture et de dessin de Taiclet et Le Béalle.

La maison Delagrave ne le cède en rien à ses rivales. Les œuvres qu'elle publie sont de tous points excellentes ; les recommander à nos lecteurs serait entièrement superflu. Donnons toutefois une mention au « Saint-Nicolas », journal illustré pour garçons et filles. « Instruire en amusant », telle est la devise, justifiée à chaque page, de ce « périodique » que nous verrions volontiers dans nos bibliothèques populaires des écoles.

A côté de ces maisons anciennes dont les collections sont complètes et la réputation faite depuis longtemps, viennent d'autres éditeurs qui consacrent leurs efforts à l'instruction nationale et qui tendent à se placer au premier rang.

La librairie Picard-Bernheim se présente sous les auspices d'auteurs dont les noms sont bien connus de la démocratie : M. Paul Bert, avec son Manuel d'instruction civique, ses discours relatifs à l'instruction primaire et ses rapports à la Chambre sur le même objet ; M. Burdeau, dont l'ouvrage « Devoir et Patrie » est inspiré par le plus ardent patriotisme et la tolérance la plus large ; M. de Lamarche qui nous offre « Devoirs et Droits », et M. Hanriot ses morceaux choisis sous le titre de « Vive la France ! » ; Mme H. Massy, enfin, avec ses notions d'éducation civique à l'usage des jeunes filles. Nous trouvons aussi d'autres ouvrages élémentaires d'économie et de législation, conçus dans le même esprit que les précédents.

Les classiques proprement dits sont conformes aux programmes du 27 juillet 1882. Il y a bien quelques lacunes dans l'ensemble, mais les éditeurs ne s'arrêtent pas. Des ouvrages en préparation sont destinés à combler les vides et formeront très prochainement un tout complet avec les publications déjà parues.

Le traité de comptabilité de M. H. Meifredy, délégué cantonal de la Seine, parfaitement à la portée des élèves qui commencent l'étude de cette science, est recommandé aux professeurs. Le même auteur a écrit sous le titre de « les Conseils de M. Honoré Arnoul » une étude d'économie agricole dont la place est marquée dans toutes les bibliothèques populaires.

La collection présentée par MM. Weil et Maurice contient, comme la précédente, des ouvrages dont le succès a dépassé les limites de l'école ; nous avons cité l'instruction civique de M. Bigot et surtout le « Petit Français » du même auteur qui a été couronné par l'Académie française. Une place particulière doit aussi être réservée à la « Journée de la Petite Ménagère » de Mme Vallotte, recueil d'hygiène et d'économie domestique, ainsi qu'à l'histoire de France de Mme Kergomard, destinée à l'enfance comme les ouvrages nombreux que l'auteur, inspectrice générale, a déjà publiés.

Les classiques destinés aux maîtres sont bons à consulter et les volumes de la série connue sous le nom de « Bibliothèque française » peuvent être donnés en prix ou placés dans les bibliothèques populaires.

Les livres de la maison Delaplane sont imprimés avec le plus grand soin, sur papier teinté ; et enrichis de gravures. L'histoire de la Pédagogie de M. Compayré, l'École, la Législation scolaire de M. Naudy sont écrits spécialement pour les maîtres à qui nous les recommandons. Quelques ouvrages sont plus spécialement destinés à l'enseignement primaire supérieur et à la préparation des divers brevets ; d'autres, et c'est le plus grand nombre, peuvent être introduits dans les classes, déposés aux bibliothèques scolaires ou décernés comme récompenses.

La bibliothèque d'éducation moderne de MM. Charavay frères est une belle collection d'ouvrages consacrés aux précurseurs de la Révolution, aux héros qui se sont battus pour la France, pour la République, aux explorateurs qui ont cherché à agrandir le territoire de la Patrie. A côté de Voltaire, de Diderot, de Rousseau, etc., nous trouvons Dupleix, Kléber, les enfants, les marins et les soldats de la République. Nous ne saurions trop recommander ces intéressantes publications.

M. Dreyfous n'a pas édité d'ouvrages classiques, mais des œuvres de vulgarisation pour les sciences, des récits, des aventures de voyages, des contes et nouvelles qui peuvent prendre place dans les bibliothèques populaires et scolaires ou être distribués en prix — puis des actualités politiques qu'il faut réserver sans doute pour nos bibliothèques pédagogiques cantonales.

Nous dirons la même chose des œuvres que la Librairie centrale des publications populaires a éditées depuis quelques années sous la haute direction et le nom vénéré de Henri Martin, le grand historien national.

M. Ducrocq a exposé la série intéressante des ouvrages classiques qu'il publie et M. Félix Alcan a choisi pour nous, dans sa grande bibliothèque de sciences et de philosophie, plusieurs œuvres vraiment remarquables.

L'ouvrage de M. Léautey « le Congrès des comptables français » est un livre de combat. Sa critique est très remarquable. Ce sera un excellent guide pour les maîtres qui voudront apprécier les avantages et les inconvénients des systèmes de comptabilité en usage.

M. Tilmant, directeur de l'école primaire supérieure de Lille, nous a présenté quelques travaux sur les sciences qui dénotent une connaissance méditée de nos meilleurs mathématiciens et philosophes, un souci constant de rendre plus rapides et plus sûres nos méthodes d'enseignement. La Réforme analytique de la règle de trois ou règle d'or mérite d'attirer particulièrement l'attention des maîtres pour qui elle semble écrite d'ailleurs, plutôt que pour des élèves encore inexpérimentés.

Nous avons analysé d'un façon rapide les richesses en librairie que l'Exposition offrait aux regards charmés du visiteur, il nous reste maintenant à transmettre à Messieurs les libraires et éditeurs nos remercîments et nos félicitations ; nos remercîments pour l'abandon gracieux que la plupart font aux écoles du Pas-de-Calais des nombreux volumes envoyés ; nos félicitations pour les soins donnés aux ouvrages destinés à l'enfance. Les livres de classe sont, en effet, de véritables éditions de luxe. On veut aujourd'hui, et l'on a raison, que tous les enfants goûtent le plaisir que procure la possession d'un bon livre bien présenté ; aussi tout est accordé aux ouvrages élémentaires : papier satiné, papier teinté, caractères nets et élégants, gravures nombreuses qui facilitent l'intelligence du texte et rendent la lecture plus attrayante.

Nous n'avons malheureusement pas de terme de comparaison avec l'étranger ; mais, pour juger des progrès accomplis chez nous, il nous suffira de nous rappeler les livres que nous avons eus entre les mains autrefois.

CONCLUSION

Nous voici arrivé à la fin de notre tâche. La mission dont on a bien voulu nous charger était particulièrement délicate et difficile, nous avons fait de notre mieux pour répondre à une si haute confiance.

Les rapporteurs des divers jurys, par leurs aperçus heureux, leurs considérations élevées sur les nombreuses œuvres étudiées dans les commissions spéciales, nous ont singulièrement aidé. Nous avons puisé largement dans leurs consciencieux travaux. Ce faisant, nous avons contracté une dette de cœur que nous tenons à payer publiquement en adressant à tous nos remercîments les plus chaleureux.

Avons-nous réussi à faire passer sous les yeux de nos lecteurs le magnifique panorama de l'Exposition, avons-nous su montrer assez que s'il est des progrès accomplis la perfection est loin d'être atteinte ? Un grand pas en avant a été fait, nous le reconnaissons et nous en sommes heureux, mais ne nous arrêtons pas dans cette voie, ne regardons point en arrière pour admirer notre œuvre. Ayons toujours les yeux fixés vers l'idéal, redoublons d'efforts ; nous aurons bien mérité de la société, du pays, de la République si nous avons su former des enfants confiés à nos soins, des hommes de bien, des patriotes éclairés, d'excellentes mères de famille.

L'Inspecteur primaire,
Secrétaire général de la Commission,

A. ELIET.

Septembre 1881.

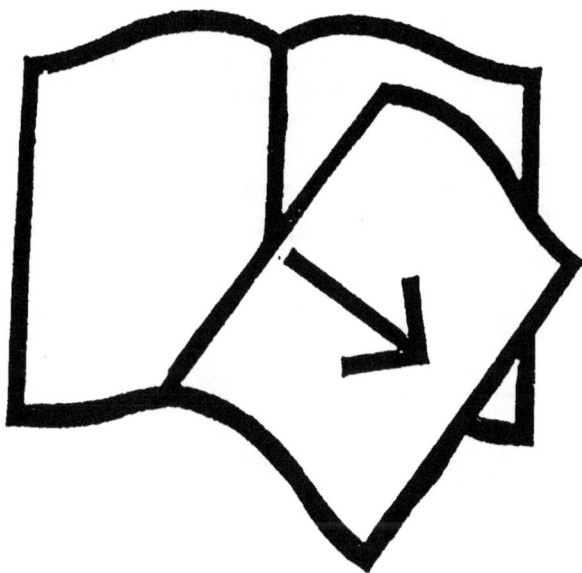

Documents manquants (pages, cahiers...)
NF Z 43-120-13

www.ingramcontent.com/pod-product-compliance
Lightning Source LLC
Chambersburg PA
CBHW052135090426
42741CB00009B/2089